사랑하는 _______________ 님께

____

____

____

____

____

_______________ 드립니다.

세상을 지혜롭게 하는 테마별 묵상집

정혜숙 엮음

세상을 지혜롭게 하는 테마별 묵상집

머리말

"노하기를 더디하는 자는 용사보다 낫고 자기의 마음을 다스리는 자는 성을 빼앗는 자보다 나으니라"(잠언 16:32).

오늘을 사는 우리는 바쁜 생활과 복잡한 문제들로 인해 마음이 늘 요동하고 있습니다. 긴 항해 속에 가야할 목적지가 아직도 먼데 순간순간 밀려오는 감정이 왠지 생각마저 흔들어 놓을 때도 있습니다.

제가 이 묵상집을 내놓게 된 이유가 바로 여기에 있습니다. 우리의 연약하고 상처입은 마음이 쉼을 얻고 하나님의 약속을 붙들기 위함입니다. 하나님의 말씀에는 힘이 있으며 성취하는 능력이 있습니다. 매일의 묵상 속에서 하나님의 약속을 붙들고 기도한다면 우리의 흔들리는 영혼 속에 새로운 힘과 용기가 주어질 것입니다.

부디 이 책을 통하여 많은 영혼들이 하나님의 힘을 얻기 원하며 매일의 삶이 이루 말할 수 없는 기쁨과 소망가운데 서기를 기도합니다.

능력

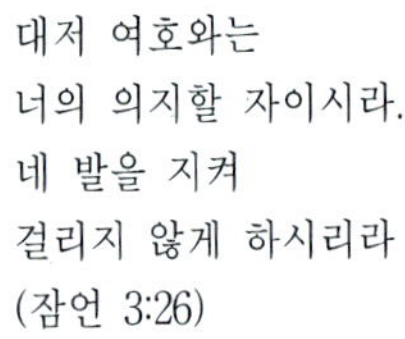

자기가
가지고 있는 능력을
쓰지 않으면
그 능력을 가지고
있다는 것조차도
잊어버린다.

- 류씨 마로리

대저 여호와는
너의 의지할 자이시라.
네 발을 지켜
걸리지 않게 하시리라
(잠언 3:26)

그가 내게 일러 가로되
여호와께서 스룹바벨에게
하신 말씀이 이러하니라.
만군의 여호와께서 말씀하시되
이는 힘으로 되지 아니하며
능으로 되지 아니하고
오직 나의 신으로 되느니라
(스가랴 4:6)

내가 진실로 진실로
너희에게 이르노니
나를 믿는 자는
나의 하는 일을 저도 할 것이요.
또한 이보다 큰 것도 하리니
이는 내가 아버지께로 감이니라
(요한복음 14:12)

누가 주의 마음을 알아서
주를 가르치겠느냐.
그러나 우리가 그리스도의 마음을

모든 그리스도인은 이 세상이
가지지 못한 특별한 능력을 가
지고 있습니다. 그러나 그 사실
을 아는 사람은 적습니다. 어떤
그리스도인은 자신의 무능력 때
문에 그렇게도 좌절하면서도 하
나님께 절박하게 구하지 않습니
다. 그러나 우리는 그 무엇보다
도, 자신의 지혜와 능력보다 하
나님의 능력이 필요한 그런 때
를 살고 있습니다.

가졌느니라.
(고린도전서 2:16)

그런즉 이 일에 대하여
우리가 무슨 말 하리요.
만일 하나님이 우리를 위하시면
누가 우리를 대적하리요
(로마서 8:31)

우리가 선을 행하되
낙심하지 말지니
피곤하지 아니하면
때가 이르매 거두리라
(갈라디아서 6:9)

내게 능력 주시는 자 안에서
내가 모든 것을 할 수 있느니라
(빌립보서 4:13)

인생의 성취

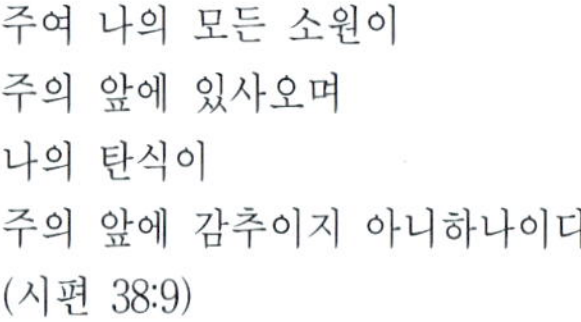

성취하려고
결심한 목적을
한 번의 실패로
버리지 말라

- 세익스피어

주여 나의 모든 소원이
주의 앞에 있사오며
나의 탄식이
주의 앞에 감추이지 아니하나이다
(시편 38:9)

게으른 자는
마음으로 원하여도 얻지 못하나
부지런한 자의 마음은
풍족함을 얻느니라
(잠언 13:4)

내 입에서 나가는 말도
헛되이 내게로 돌아오지 아니하고
나의 뜻을 이루며
나의 명하여 보낸 일에
형통하리라
(이사야 55:11)

믿음이 없이는 기쁘시게 못하나니
하나님께 나아가는 자는
반드시 그가 계신 것과
또한 그가 자기를 찾는 자들에게
상 주시는 이심을
믿어야 할지니라
(히브리서 11:6)

　우리의 모든 소원은 항상 주의 앞에 있음을 기억해야 합니다. 그리고 그것을 성취하게 하는 이도 주님인 것을 겸손히 고백합시다. 그러나 긴 기다림 없이 성취는 결코 오지 않습니다. 무엇인가 성취하는 인생, 그것은 하나님이 주신 믿음의 행사입니다.

그러므로 내가 너희에게 말하노니
무엇이든지 기도하고 구하는 것은
받은 줄로 믿으라.
그리하면 너희에게 그대로 되리라
(마가복음 11:24)

무릇 기다리는 자에게나
구하는 영혼에게
여호와께서 선을 베푸시는도다
(예레미야애가 3:25)

분 노

> 분노는
> 양심을 괴롭히고
> 무죄한 자를 매질하고,
> 악을 권장하며
> 가정과 사회를
> 불화하게 한다.

내 사랑하는 형제들아
너희가 알거니와
사람마다 듣기는 속히 하고
말하기는 더디 하며
성내기도 더디 하라
(야고보서 1:19)

사람의 성내는 것이
하나님의 의를 이루지 못함이니라
(야고보서 1:20)

분을 내어도 죄를 짓지 말며
해가 지도록 분을 품지 말고
(에베소서 4:26)

유순한 대답은
분노를 쉬게 하여도
과격한 말은
노를 격동하느니라
(잠언 15:1)

노하기를 더디하는 자는
용사보다 낫고
자기의 마음을 다스리는 자는
성을 빼앗는 자보다 나으니라
(잠언 16:32)

우리는 항상 알면서 화를 냅니다. 그리고 그 분노가 그렇게 하나님을 슬프게 하고 하나님 앞에 부끄러운 것이라는 것을 아는 사람도 똑같이 화를 냅니다. 그러나 분노가 그치는 그날 우리는 참으로 성숙한 그리스도인이라는 영예를 받게 될 것입니다.

내 사랑하는 자들아
너희가 친히 원수를 갚지 말고
진노하심에 맡기라.
기록되었으되
원수 갚는 것이 내게 있으니
내가 갚으리라고
주께서 말씀하시니라
(로마서 12:19)

분을 쉽게 내는 자는
다툼을 일으켜도
노하기를 더디 하는 자는
시비를 그치게 하느니라
(잠언 15:18)

급한 마음으로 노를 발하지 말라.
노는 우매자의 품에 머무름이니라
(전도서 7:9)

외 모

사람이
자기 자신에게
그리고
자기의
내면 생활에 있어서
만족이
적으면 적을수록
점점 표면적인
사회생활에서도
나태한 모습을
나타내게 된다.

여호와께서 사무엘에게 이르시되
그 용모와 신장을 보지 말라.
내가 이미 그를 버렸노라.
나의 보는 것은
사람과 같지 아니하니
사람은 외모를 보거니와
나 여호와는 중심을 보느니라
(사무엘상 16:7)

여호와께서는
자기 백성을 기뻐하시며
겸손한 자를
구원으로 아름답게 하심이로다
(시편 149:4)

마음의 즐거움은
얼굴을 빛나게 하여도
마음의 근심은
심령을 상하게 하느니라
(잠언 15:13)

너희는 외모만 보는도다.
만일 사람이
자기가 그리스도에게
속한 줄을 믿을진대
자기가 그리스도에게 속한 것같이

외모는 별것이 아니라고들 말
합니다. 그러면서도 외모에 신경
을 쓰게 됩니다. 다른 사람이 나
의 얼굴을 보았을 때 어떤 느낌
을 받을까요? 그리고 어느 때에
나의 동료들이 나를 보고 실망
의 눈치를 보이던가요? 나의 동
료들이 나에게 언제 매력을 느
끼던가요? 그렇습니다. 이것은
바로 외모입니다.

우리도 그러한 줄을
자기 속으로 다시 생각할 것이라
(고후 10:7)

너희 단장은 머리를 꾸미고
금을 차고 아름다운 옷을 입는
외모로 하지 말고
(베드로전서 3:3)

오직 마음에 숨은 사람을
온유하고 안정한
심령의 썩지 아니할 것으로 하라.
이는 하나님 앞에 값진 것이니라
(베드로전서 3:4)

직업

훌륭한 직업으로
얻어지는 보상은
더 나은
일감에 대한
능력을
취득하는 것이다.

각 사람이 부르심을 받은
그 부르심 그대로 지내라
(고린도전서 7:20)

주 우리 하나님의 은총을
우리에게 임하게 하사 우리 손의
행사를 우리에게 견고케 하소서
우리 손의 행사를 견고케 하소서
(시편 90:17)

네가 자기 사업에 근실한 사람을
보았느냐. 이러한 사람은 왕 앞에
설 것이요 천한 자 앞에 서지
아니하리라
(잠언 22:29)

오직 재판장이신 하나님이 이를
낮추시고 저를 높이시느니라
(시편 75:7)

대저 높이는 일이 동에서나
서에서 말미암지 아니하며
남에서도 말미암지 아니하고
(시편 75:6)

너희가 우편으로 치우치든지

출근하기 싫은 날이 있습니다. 무작정 이불에 얼굴을 파묻고 자고 싶을 때가 있습니다. 그러나 직업이 있고 직장이 있다는 것은 놀라운 하나님의 축복입니다. 그곳에는 문제도 많지만 은혜 또한 많음을 기억해야 합니다. 하나님은 우리의 직업을 통해 인생의 대부분을 보내도록 계획하셨습니다.

좌편으로 치우치든지 네 뒤에서 말소리가 네 귀에 들려 이르기를 이것이 정로니 너희는 이리로 행하라 할 것이며
(이사야 30:21)

태 도

한 근의 선행은
열 근의 학문보다 낫다.
비록 작은 일일지라도
선한 일을 하기에
힘쓰라. 그리고 모든
죄에서 탈출하라.
왜냐하면 작은 것이라도
선한 일은 그 배후에
또다른 선한 일을
이끌어 오지만 죄는
또다른 죄를 낳기
때문이다. 그러므로
선행의 대가는 선행이요
죄의 대가는 죄인
것이다.

내게 가르쳐서 나의 허물된 것을
깨닫게 하라. 내가 잠잠하리라
(욥기 6:24)

독사의 자식들아 너희는 악하니
어떻게 선한 말을 할 수 있느냐.
이는 마음에 가득한 것을 입으로
말함이라
(마태복음 12:34)

선한 사람은 그 쌓은 선에서 선한
것을 내고 악한 사람은 그 쌓은
악에서 악한 것을 내느니라
(마태복음 12:35)

내가 너희에게 이르노니 사람이
무슨 무익한 말을 하든지 심판
날에 이에 대하여 심문을
받으리니
(마태복음 12:36)

분을 내어도 죄를 짓지 말며
해가 지도록 분을 품지 말고
(에베소서 4:26)

형제들아 서로 원망하지 말라.

태도가 나쁘면 다툼이 끝나지를 않습니다. 또 매사에 태도가 바르지 못하면 당연히 행동은 산만하게 흩어지기 마련입니다. 태도, 그것은 하나님 앞에서의 단정함입니다. 그리고 그것은 사람 앞에서 인정받게 하는 사랑스러움 그 자체입니다.

그리하여야 심판을 면하리라
보라
심판자가 문 밖에 서 계시니라.
(야고보서 5:9)

돈을 사랑치 말고 있는 바를
족한 줄로 알라.
그가 친히 말씀하시기를
내가 과연 너희를 버리지
아니하고 과연 너희를 떠나지
아니하리라 하셨느니라
(히브리서 13:5)

성 경

성경에 있는 교훈은
일상생활의 모든 조건에
다 적당한 것이다.
사람으로서
창조주 되시는
하나님과 자기 자신과
또 인류를 위하여
마땅히 이행해야 될
의무가
다
기록되어 있는 것이기
때문이다.

내가 너희에게 명하는 말을
너희는 가감하지 말고 내가
너희에게 명하는 너희 하나님
여호와의 명령을 지키라
(신명기 4:2)

여호와의 율법은 완전하여 영혼을
소성케 하고 여호와의 증거는
확실하여 우둔한 자로
지혜롭게 하며
(시편 19:7)

내가 주께 범죄치 아니하려 하여
주의 말씀을 내 마음에
두었나이다
(시편 119:11)

모든 성경은 하나님의 감동으로
된 것으로 교훈과 책망과 바르게
함과 의로 교육하기에 유익하니
(디모데후서 3:16)

주의 말씀은 내 발에 등이요
내 길에 빛이니이다
(시편 119:105)

성경을 소유하고 있는 것은 놀라운 특권입니다. 성경을 읽는 사람은 놀라운 기쁨이 있습니다. 그러나 성경을 삶의 모든 문제에 적용시키는 사람은 놀라운 기적을 일으킵니다. 그의 모든 삶의 영역에 하나님의 손길이 닿지 않는 곳은 그 어느 곳도 없습니다.

천지는 없어지겠으나 내 말은
없어지지 아니하리라
(마가복음 13:31)

이는 하나님의 사람으로 온전케
하며 모든 선한 일을 행하기에
온전케 하려 함이니라
(디모데후서 3:17)

하나님의 말씀은 살았고 운동력이
있어 좌우에 날선 어떤 검보다도
예리하여 혼과 영과 및 관절과
골수를 찔러 쪼개기까지 하며 또
마음의 생각과 뜻을 감찰하나니
(히브리서 4:12)

일
·
·

**끊임없이 일하라.
일하는 것을 불행이라고
생각지 말라. 그리고
일함으로써 칭찬이나
이익을 얻으려 하지
말라. 다만 그대가 바랄
것은 모든 사람의 행복
그것뿐이다.**

게으른 자여 개미에게로 가서
그 하는 것을 보고 지혜를 얻으라.
개미는 두령도 없고 간역자도
없고 주권자도 없으되 먹을 것을
여름 동안에 예비하며 추수 때에
양식을 모으느니라
(잠언 6:6-8)

소망 중에 즐거워하며 환난 중에
참으며 기도에 항상 힘쓰며
(로마서 12:12)

또 너희에게 명한 것같이
종용하여 자기 일을 하고
너희 손으로 일하기를 힘쓰라
(데살로니가전서 4:11)

내가 마음을 다하여 지혜를
알고자 하며 세상에서 하는
노고를 보고자 하는 동시에
(밤낮으로 자지 못하는 자도
있도다)
(전도서 8:16)

자기의 토지를 경작하는 자는
먹을 것이 많으려니와 방탕을

　일에서 성공하면 대단한 즐거움이 있습니다. 그러나 일을 통하여 보람을 느끼는 것은 또다른 이야기입니다. 이제 나의 일이 중요한 것이며 지금 나는 모든 사람을 위하여 봉사를 하고 있다고 생각해 봅시다. 자존심도 사라지고 분노도 사라집니다. 다만 하나님을 기억하기 때문입니다. 그리고 일하는 자에게 가장 중요한 것은 열심이라는 것을 깨닫게 됩니다.

좇는 자는 궁핍함이 많으리라
(잠언 28:19)

네가 자기 사업에 근실한 사람을 보았느냐. 이러한 사람은 왕 앞에 설 것이요. 천한 자 앞에 서지 아니하리라
(잠언 22:29)

성 격

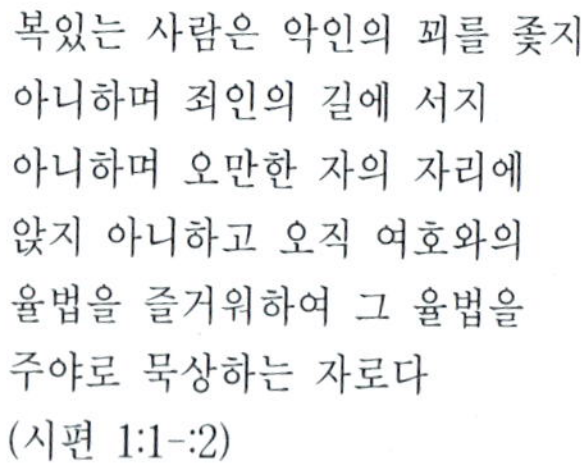

행동의 씨를 뿌리면,
습관을
수확할 수 있을 것이다.
습관의 씨를 뿌리면,
성격을
수확할 수 있을
것이다.
성격의 씨를 뿌리면,
운명을
수확할 수 있을
것이다.

복있는 사람은 악인의 꾀를 좇지
아니하며 죄인의 길에 서지
아니하며 오만한 자의 자리에
앉지 아니하고 오직 여호와의
율법을 즐거워하여 그 율법을
주야로 묵상하는 자로다
(시편 1:1-:2)

내가 주를 바라오니 성실과
정직으로 나를 보호하소서
(시편 25:21)

주께서 나를 나의 완전한 중에
붙드시고 영영히 주의 앞에
세우시나이다
(시편 41:12)

내가 나의 완전함에 행하였사오며
요동치 아니하고 여호와를
의지하였사오니 여호와여 나를
판단하소서
(시편 26:1)

종말로 형제들아 무엇에든지
참되며 무엇에든지 경건하며
무엇에든지 옳으며 무엇에든지

성격은 참 변하기 어렵다고 말합니다. 곰곰히 생각하니 예수 믿고도 성격이 변한 것 같지는 않습니다. 사실 성격대로 믿는다고 하면서 얼마나 많은 사람에게 상처를 주었는지 모릅니다. 이것은 사탄의 속임수입니다. 예수님을 믿기 전의 성격과 예수님을 믿은 후의 성격이 다르지 않다면 우리는 어떤 말로도 변명할 수 없습니다.

정결하며 무엇에든지 사랑할 만하며 무엇에든지 칭찬할 만하며 무슨 덕이 있든지 무슨 기림이 있든지 이것들을 생각하라
(빌립보서 4:8)

아무에게도 악으로 악을 갚지 말고 모든 사람 앞에서 선한 일을 도모하라
(로마서 12:17)

할 수 있거든 너희로서는 모든 사람으로 더불어 평화하라
(로마서 12:18)

성격

교회출석

교회란
결코 회원이 될
자격이 없는
사람들이
특권을 누리고 있는
지상 유일의
단체이다.
교회는
어떤 뛰어난
인물들이 모이는
화랑이 아니라
불완전한 사람을
교육하는 곳이다.
훌륭한 저택에서
부드럽고 따뜻하게
딩구는 사람들은
거의
교회를 찾지 않는다.

내가 그들 중에 거할 성소를
그들을 시켜 나를 위하여 짓되
(출애굽기 25:8)

내가 여호와께 청하였던
한 가지 일, 곧 그것을 구하리니
곧 나로 내 생전에
여호와의 집에 거하여
여호와의 아름다움을 앙망하며
그 전에서 사모하게 하실 것이라
(시편 27:4)

사람이 내게 말하기를
여호와의 집에 올라가자 할 때에
내가 기뻐하였도다
(시편 122:1)

너는 하나님의 전에 들어갈 때에
네 발을 삼갈지어다.
가까이 하여 말씀을 듣는 것이
우매자의
제사 드리는 것보다 나으니
저희는 악을 행하면서도
깨닫지 못함이니라
(전도서 5:1)

　교회는 하나님이 계시는 곳입니다. 그래서 우리는 교회를 사랑합니다. 물론 상처받고 힘든 일들이 교회 안에 있습니다 그러나 그 모든 것들은 주님을 섬기는 거룩한 몸짓들입니다. 그리고 그 곳에는 하나님을 향한 예배의 드림이 있습니다.

두세 사람이
내 이름으로 모인 곳에는
나도 그들 중에 있느니라
(마태복음 18:20)

모이기를 폐하는
어떤 사람들의 습관과 같이
하지 말고
오직 권하여 그 날이 가까움을
볼수록 더욱 그리하자
(히브리서 10:25)

사 명

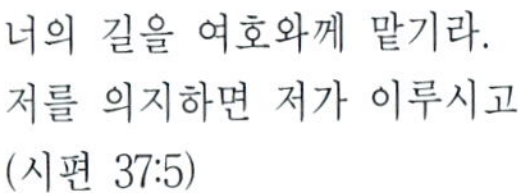

> 자신을
> 하나님의 섭리에
> 맡긴다는 것은
> 그의 계획을 두고
> 논쟁하기를
> 그치는 것이다.
> 오직 우리가
> 하나님의 길을
> 갈 때만
> 그의 뜻을
> 알 수 있다.

너의 길을 여호와께 맡기라.
저를 의지하면 저가 이루시고
(시편 37:5)

너의 행사를 여호와께 맡기라.
그리하면 너의 경영하는 것이
이루리라
(잠언 16:3)

믿음이 없어 하나님의 약속을
의심치 않고 믿음에 견고하여져서
하나님께 영광을 돌리며 약속하신
그것을 또한 능히 이루실 줄을
확신하였으니
(로마서 4:20-21)

우리가 선을 행하되 낙심하지
말지니 피곤하지 아니하면 때가
이르매 거두리라
(갈라디아서 6:9)

푯대를 향하여 그리스도 예수
안에서 하나님이 위에서 부르신
부름의 상을 위하여 좇아가노라
(빌립보서 3:14)

누군가 왜 사느냐고 물었습니다. 그래서 저는 사명 때문에 산다고 대답했습니다. 그렇습니다. 이것은 언어의 유희나 사치가 아니었으며 절박한 외침이었습니다. 우리에게 가장 소중한 것이 있다면 하나님이 주신 사명일 것입니다. 그리고 우리는 하나님이 우리 안에 계셔서 이루어 가시는 것을 결코 의심하지 않습니다.

형제들아 나는 아직 내가 잡은 줄로 여기지 아니하고 오직 한 일 즉 뒤에 있는 것은 잊어버리고 앞에 있는 것을 잡으려고
(빌립보서 3:13)

사 명
♥

말

가장 좋은 말이란
가장 조심하고
억제한 말이다.
가장 좋은 대화란
가장 조심스럽게
고려하는 대화이다.
그대가 어떠한 일로
말하게 될 때엔
반드시
침묵 이상의
좋은 결과를
나타내지 않으면
안된다.

너희가 우편으로 치우치든지 좌편으로 치우치든지 네 뒤에서 말소리가 네 귀에 들려 이르기를 이것이 정로니 너희는 이리로 행하라 할 것이며
(이사야 30:21)

속지 말라. 악한 동무들은 선한 행실을 더럽히나니
(고린도전서 15:33)

가르침을 받는 자는 말씀을 가르치는 자와 모든 좋은 것을 함께 하라
(갈라디아서 6:6)

무릇 더러운 말은 너희 입 밖에도 내지 말고 오직 덕을 세우는 데 소용되는 대로 선한 말을 하여 듣는 자들에게 은혜를 끼치게 하라
(에베소서 4:29)

이제는 너희가 이 모든 것을 벗어버리라. 곧 분과 악의와 훼방과 너희 입의 부끄러운

말은 하나님이 인간에게 주신 놀라운 축복입니다. 하나님이 분노하실 때에는 그 말들을 혼잡케 하셨고 하나님이 회복시킬 때는 방언으로 하나님의 큰 일을 말하게 하셨습니다. 말 그것은 하나님의 일입니다.

말이라
(골로새서 3:8)

그러나 너희가 내 괴로움에 함께 참예하였으니 잘하였도다
(빌립보서 4:14)

동 정

> 너희 비애가
> 아무리 다 하여도
> 세상 사람의 동정을
> 구하지 말라.
> 동정에는
> 경멸의 뜻이
> 포함되어 있다.

오직 하나님은 자비하심으로
죄악을 사하사 멸하지 아니하시고
그 진노를 여러 번 돌이키시며
그 분을 다 발하지 아니하셨으니
(시편 78:38)

정직한 자에게는
흑암 중에 빛이 일어나나니
그는 어질고 자비하고
의로운 자로다
(시편 112:4)

여인이
어찌 그 젖먹는 자식을 잊겠으며
자기 태에서 난 아들을
긍휼히 여기지 않겠느냐.
그들은 혹시 잊을지라도
나는 너를 잊지 아니할 것이라
(이사야 49:15)

예수께서 나오사
큰 무리를 보시고
그 목자 없는 양 같음을 인하여
불쌍히 여기사
이에 여러 가지로 가르치시더라
(마가복음 6:34)

한 동료가 죽음의 순간에 처한
적이 있었습니다. 그때 그는 자
기를 지켜보고 있는 그 수많은
사람들 중 그 누구도 자기를 도
와줄 수 없다는 것을 깨달았다
고 합니다. 그는 인간의 동정이
얼마나 천박한가를 알게 되었습
니다. 그래서 오직 하나님의 도
움만을 구했습니다.

마지막으로 말하노니
너희가 다 마음을 같이하여
체휼하며 형제를 사랑하며
불쌍히 여기며 겸손하며
(베드로전서 3:8)

용기

폭풍 속에서만
선원의 항해 기술이
충분히 드러나고
전장에 나가야
군인의 용기가
발휘된다.
인간의 용기는 힘들고
위험한 경우에
처했을 때에 나타나는
하나님의 비밀이요
알 수 없는
그 무엇이다.

너는 마음을 강하게 하고 담대히
하라. 그들을 두려워 말라. 그들
앞에서 떨지 말라. 이는 네 하나님
여호와 그가 너와 함께 행하실
것임이라. 반드시 너를 떠나지
아니하시며 버리지 아니하시리라
하고
(신명기 31:6)

내가 네게 명한 것이 아니냐.
마음을 강하게 하고 담대히 하라.
두려워 말며 놀라지 말라.
네가 어디로 가든지 네 하나님
여호와가 너와 함께 하느니라
하시니라
(여호수아 1:9)

강하고 담대하라.
여호와를 바라는 너희들아
(시편 31:24)

화가 네게 미치지 못하며 재앙이
네 장막에 가까이 오지 못하리니
(시편 91:10)

두려워 말라

용기는 힘에서 나오지 않습니다. 용기는 재능이나 학벌에서 나오지 않습니다. 저는 압니다. 그 용기가 오직 하나님을 신뢰할 때 온다는 사실을…

참된 용기, 그리고 영원히 시들지 않는 용기는 하나님과 올바른 관계에서 오는 위대한 능력입니다.

내가 너와 함께 함이니라.
놀라지 말라
나는 네 하나님이 됨이니라.
내가 너를 굳세게 하리라.
참으로 너를 도와 주리라.
참으로 나의 의로운 오른손으로
너를 붙들리라
(이사야 41:10)

내게 능력 주시는 자 안에서
내가 모든 것을 할 수 있느니라
(빌립보서 4:13)

환 난

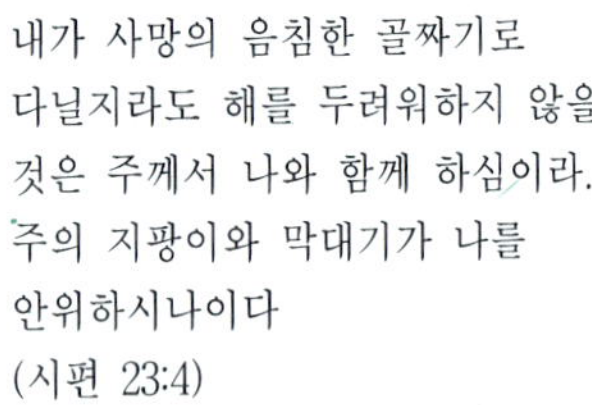

> 고난과 눈물이
> 나를 높은 예지로
> 이끌었다.
> 보석과 즐거움은
> 이것을
> 만들지 못했을
> 것이다.
>
> - 페스탈로치

내가 사망의 음침한 골짜기로
다닐지라도 해를 두려워하지 않을
것은 주께서 나와 함께 하심이라.
주의 지팡이와 막대기가 나를
안위하시나이다
(시편 23:4)

여호와께서 환난 날에 나를 그
초막 속에 비밀히 지키시고 그
장막 은밀한 곳에 나를 숨기시며
바위 위에 높이 두시리로다
(시편 27:5)

내 영혼이 여호와로 자랑하리니
곤고한 자가 이를 듣고
기뻐하리로다.
나와 함께 여호와를 광대하시다
하며 함께 그 이름을 높이세.
내가 여호와께 구하매 내게
응답하시고 내 모든 두려움에서
나를 건지셨도다.
(시편 34:2-4)

하나님은 우리의 피난처시요
힘이시니 환난 중에 만날 큰
도움이시라.

견딜 수 없는 환난이 있었습니다. 그런데 참 이상합니다. 쓰러지기보다는 오히려 견고하게 일어서 있습니다. 참 이상합니다. 많은 것을 잃고 많은 것을 빼앗긴 것 같았는데 오히려 풍족해졌습니다. 저는 환난을 두려워하지 않습니다. 왜냐하면 그것은 하나님의 축복이라는 것을 알기 때문입니다.

그러므로 땅이 변하든지
산이 흔들려
바다 가운데 빠지든지
바닷물이 흉용하고 뛰놀든지
그것이 넘침으로
산이 요동할지라도
우리는 두려워 아니하리로다(셀라)
(시편 46:1-3)

내가 너희를
고아와 같이 버려두지 아니하고
너희에게로 오리라
(요한복음 14:18)

비판

겸손하지 않은 사람은
언제나
남을 비난한다.
그는
다만 남의 그릇됨만을
인정한다.
그리하여
그 자신의
욕정 및 죄과는
점점
더 커진다.

유순한 대답은 분노를 쉽게
하여도 과격한 말은 노를
격동하느니라
(잠언 15:1)

나를 인하여 너희를 욕하고
핍박하고 거짓으로 너희를 거스려
모든 악한 말을 할 때에는
너희에게 복이 있나니
(마태복음 5:11)

나는 너희에게 이르노니 너희
원수를 사랑하며 너희를 핍박하는
자를 위하여 기도하라
(마태복음 5:44)

군병들도 물어 가로되 우리는
무엇을 하리이까 하매 가로되
사람에게 강포하지 말며 무소하지
말고 받는 요를 족한 줄로 알라
하니라
(누가복음 3:14)

오직 너희는 원수를 사랑하고
선대하며 아무 것도 바라지 말고
빌리라. 그리하면 너희 상이 클

  저는 비판하지 않습니다. 왜냐
하면 제가 비판받기 싫기 때문
입니다. 저는 비판하지 않습니
다. 왜냐하면 저의 그 비판으로
주님이 저를 비판하기 때문입니
다. 주님은 이 세상 어느 누구도
감히 남을 비판할 자격을 가진
사람은 아무도 없다고 말씀하셨
습니다.

것이요 또 지극히 높으신 이의
아들이 되리니 그는 은혜를
모르는 자와 악한 자에게도
인자로우시니라
(누가복음 6:35)

선한 양심을 가지라. 이는
그리스도 안에 있는 너희의
선행을 욕하는 자들로
그 비방하는 일에 부끄러움을
당하게 하려 함이라
(베드로전서 3:16)

빛 :

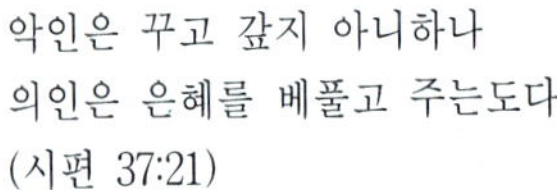

빛지지 말라.
빛주지도 말라.
빛은
절약의 칼끝을
무디게 하고
자칫하면
그 본전을
잃게 하며
또
그 친구를
잃게 한다.

악인은 꾸고 갚지 아니하나
의인은 은혜를 베풀고 주는도다
(시편 37:21)

타인을 위하여 보증이 되는 자는
손해를 당하여도 보증이 되기를
싫어하는 자는 평안하니라
(잠언 11:15)

부자는 가난한 자를 주관하고
빚진 자는 채주의 종이 되느니라
(잠언 22:7)

주라. 그리하면 너희에게 줄
것이니 곧 후히 되어 누르고
흔들어 넘치도록 하여 너희에게
안겨 주리라. 너희의 헤아리는 그
헤아림으로 너희도 헤아림을 도로
받을 것이니라
(누가복음 6:38)

사랑하는 자여 네 영혼이 잘
됨같이 네가 범사에 잘 되고
강건하기를 내가 간구하노라
(요한삼서 1:2)

  빛을 지는 자가 되지 않도록
기도해야 합니다. 왜냐하면 하나
님께서 그리스도인의 사명은 받
는 것이 아니라 주는 것이라고
하셨기 때문입니다. 주님은 받는
자보다는 주는 자가 복이 있다
고 말씀하셨습니다. 빚을 지는
것은 이 세상에서 잠깐 나에게
유익이 있습니다. 그러나 베풀고
주는 것은 이 세상에서 조금 불
편이 있으나 천국에서 영원한
유익이 있습니다.

피차 사랑의 빚 외에는
아무에게든지 아무 빚도 지지
말라. 남을 사랑하는 자는 율법을
다 이루었느니라
(로마서 13:8)

여호와께서 너를 위하여 하늘의
아름다운 보고를 열으사 네 땅에
때를 따라 비를 내리시고 네
손으로 하는 모든 일에 복을
주시리니 네가 많은 민족에게
꾸어줄지라도 너는 꾸지 아니할
것이요
(신명기 28:12)

결정하기

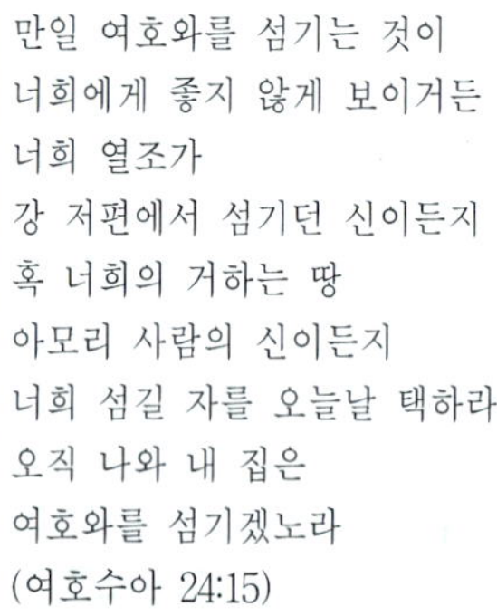

목표를
설정하는 것보다
진로를 선택하는 것이
더 요긴하다.
미움보다는
사랑을 택하고,
격함보다는
웃음을 택하고,
풍문보다는
칭찬을 택하고,
상처보다는
치료를 택하라.

만일 여호와를 섬기는 것이
너희에게 좋지 않게 보이거든
너희 열조가
강 저편에서 섬기던 신이든지
혹 너희의 거하는 땅
아모리 사람의 신이든지
너희 섬길 자를 오늘날 택하라
오직 나와 내 집은
여호와를 섬기겠노라
(여호수아 24:15)

너는 마음을 다하여
여호와를 의뢰하고
네 명철을 의지하지 말라
너는 범사에 그를 인정하라
그리하면 네 길을 지도하시리라
(잠언 3:5-6)

삼가 말씀에 주의하는 자는
좋은 것을 얻나니
여호와를 의지하는 자가
복이 있느니라
(잠언 16:20)

다니엘은 뜻을 정하여
왕의 진미와

무엇을 결정할 때 우리는 먼저 그 일이 나 자신에게 유익한가를 묻습니다. 그러나 우리는 과연 그것이 옳은가를 먼저 물어야 합니다. 유익한 것이 때로는 옳지 않을 때도 있기 때문입니다. 아무리 유익하여도 옳지 않은 것을 포기할 수 있는 용기는 믿음에서 나옵니다.

그의 마시는 포도주로
자기를 더럽히지 아니하리라 하고
자기를 더럽히지 않게 하기를
환관장에게 구하니
(다니엘 1:8)

각각 그 마음에
정한 대로 할 것이요
인색함으로나 억지로 하지 말지니
하나님은 즐겨 내는 자를
사랑하시느니라
(고린도후서 9:7)

우울증

우울증이란
인간이
자기 자신의 생활이나
이 세상의
모든 생활 속에서
삶의 의의를
발견하지 못했을 때에
나타나는
마음의 공백
상태이다.

여호와여 주는 나의 방패시요
나의 영광이시오
나의 머리를 드시는 자니이다.
내가 나의 목소리로
여호와께 부르짖으니
그 성산에서
응답하시는도다(셀라).
내가 누워 자고 깨었으니
여호와께서 나를 붙드심이로다
(시편 3:3-5)

그 노염은 잠간이요
그 은총은 평생이로다.
저녁에는 울음이 기숙할지라도
아침에는 기쁨이 오리로다
(시편 30:5)

우리 영혼이 여호와를 바람이여
저는 우리의 도움과 방패시로다
(시편 33:20)

내 영혼아
네가 어찌하여 낙망하며
어찌하여 내 속에서
불안하여 하는고.
너는 하나님을 바라라.

   우울할 때 우리는 누군가를 만나서 이야기하고 싶어합니다. 그러나 몇 시간동안 이야기하고 돌아왔을 때 우리는 허무감만 안고 옵니다. 우리 중에 우울할 때 하나님을 찾는 사람은 많지 않습니다. 그러나 우울할 때 하나님을 찾지 않는 것은 많은 죄를 지을 가능성을 많기에 우리는 이때 더욱 하나님을 찾아야 합니다.

나는 내 얼굴을 도우시는
내 하나님을 오히려
찬송하리로다
(시편 42:11)

여호와께서 너의 출입을
지금부터 영원까지 지키시리로다
(시편 121:8)

상심한 자를 고치시며
저희 상처를 싸매시는도다
(시편 147:3)

마음의 소원

> 그리스도인이
> 소원을 품으면 품을수록
> 그가 지닌 기회는
> 더욱 많아진다.

또 여호와를 기뻐하라. 저가 네
마음의 소원을 이루어 주시리로다
(시편 37:4)

주여 나의 모든 소원이 주의 앞에
있사오며 나의 탄식이 주의 앞에
감추이지 아니하나이다
(시편 38:9)

하늘에서는 주 외에 누가 내게
있으리요. 땅에서는 주밖에 나의
사모할 자 없나이다
(시편 73:25)

소원을 성취하면 마음에 달아도
미련한 자는 악에서 떠나기를
싫어하느니라
(잠언 13:19)

내가 또 너희에게 이르노니
구하라 그러면
너희에게 주실 것이요.
찾으라 그러면 찾을 것이요.
문을 두드리라 그러면
너희에게 열릴 것이니
(누가복음 11:9)

우리는 언젠가 마음 속에 소박한 소원을 가진 적이 있었습니다. 얼마나 기다리고 가슴이 부풀었는지 모릅니다. 소원이 당장 이루어지지 않았지만 그것만 생각해도 밤잠을 설치며 기뻐했습니다. 그 소원을 하나님이 이루어 주십니다.

그러므로 내가 너희에게 말하노니 무엇이든지 기도하고 구하는 것은 받은 줄로 믿으라. 그리하면 너희에게 그대로 되리라
(마가복음 11:24)

너희가 기도할 때에 무엇이든지 믿고 구하는 것은 다 받으리라 하시니라
(마태복음 21:22)

마음의 소원

근면

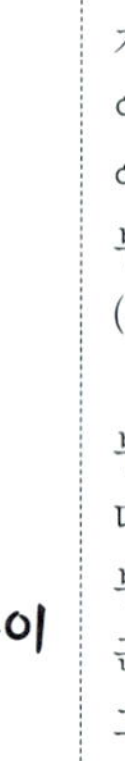

만일 여러분이
위대한 재능을
갖고 있다면,
근면은
이들 재능을
더욱
진보시킬 것이다.
그러나 만일 여러분이
평범한 재능밖에
갖고 있지 않을 때에,
근면은
재능의 약점을
보충해 줄 것이다.
－레이놀즈

손을 게으르게 놀리는 자는
가난하게 되고 손이 부지런한
자는 부하게 되느니라.
여름에 거두는 자는 지혜로운
아들이나 추수 때에 자는 자는
부끄러움을 끼치는 아들이니라
(잠언 10:4-5)

부지런한 자의 손은 사람을
다스리게 되어도 게으른 자는
부림을 받느니라.
근심이 사람의 마음에 있으면
그것으로 번뇌케 하나 선한 말은
그것을 즐겁게 하느니라
(잠언 12:24-25)

게으른 자는 그 잡을 것도
사냥하지 아니하나니 사람의
부귀는 부지런한 것이니라
(잠언 12:27)

게으른 자는 마음으로 원하여도
얻지 못하나 부지런한 자의
마음은 풍족함을 얻느니라
(잠언 13:4)

부지런함이 없을 때는 영적으로 침체된 때였던 것을 뒤늦게 깨닫게 되었습니다. 그래서 이제 근면은 습관이나 육체적인 문제가 아니라 영적인 문제라는 것을 알게 되었습니다. 이제 우리는 근면할 때 영적으로 더욱 충만하게 됨을, 그리고 하나님이 공급하시는 기쁨을 누리게 됨을 인정하게 되었습니다.

네가 자기 사업에
근실한 사람을 보았느냐.
이러한 사람은 왕 앞에 설 것이요.
천한 자 앞에 서지 아니하리라
(잠언 22:29)

무릇 네 손이 일을 당하는 대로
힘을 다하여 할지어다.
네가 장차 들어갈 음부에는
일도 없고 계획도 없고
지식도 없고 지혜도 없음이니라
(전도서 9:10)

내게 능력 주시는 자 안에서
내가 모든 것을 할 수 있느니라
(빌립보서 4:13)

실 망

미래를 두려워하고
실패를 두려워하는
사람은
그 활동에
제한을 받아
손과 발이
움직일 수 없게 된다.
실패는
이전보다
더 풍부한 지식으로
다시
일을 시작할
좋은 기회를
제공한다.

내가 네게 명한 것이 아니냐.
마음을 강하게 하고 담대히 하라.
두려워 말며 놀라지 말라.
네가 어디로 가든지 네 하나님
여호와가 너와 함께 하느니라
하시니라
(여호수아 1:9)

여호와는 나의 빛이요 나의
구원이시니 내가 누구를
두려워하리요. 여호와는 내 생명의
능력이시니 내가 누구를
무서워하리요. 나의 대적 나의
원수된 행악자가 내 살을
먹으려고 내게로 왔다가 실족하여
넘어졌도다. 군대가 나를 대적하여
진 칠지라도 내 마음이 두렵지
아니하며 전쟁이 일어나 나를
치려 할지라도 내가 오히려
안연하리로다
(시편 27:1-3)

내가 산을 향하여 눈을 들리라.
나의 도움이 어디서 올고.
나의 도움이 천지를 지으신
여호와에게서로다

왜 실망하는가를 곰곰이 생각해 봅니다. 더 깊이 생각할수록 무엇이 실패했기 때문에 실망하는 것이 아닌 것 같습니다. 진짜 우리가 실망하는 것은 하나님에 대한 신뢰가 무너졌기 때문입니다. 하나님의 신뢰가 그 마음 속에 있는 사람은 어떤 일에도 실망하지 않는 것을 봅니다. 왜냐하면 그들에게는 하나님의 약속이 있기 때문입니다.

(시편 121:1-2)

우리가 알거니와 하나님을
사랑하는 자 곧 그 뜻대로
부르심을 입은 자들에게는
모든 것이 합력하여
선을 이루느니라
(로마서 8:28)

그런즉 이 일에 대하여
우리가 무슨 말 하리요.
만일 하나님이 우리를 위하시면
누가 우리를 대적하리요
(로마서 8:31)

훈 련

훈련에서의
땀 한 방울은
전쟁시에
피 한 방울이다.

주는 나의 하나님이시니
나를 가르쳐
주의 뜻을 행케 하소서.
주의 신이 선하시니
나를 공평한 땅에 인도하소서
(시편 143:10)

초달을 차마 못하는 자는
그 자식을 미워함이라.
자식을 사랑하는 자는
근실히 징계하느니라
(잠언 13:24)

네가 네 아들에게 소망이 있은즉
그를 징계하고
죽일 마음은 두지 말지니라
(잠언 19:18)

여호와여 나를 징계하옵시되
너그러이 하시고
진노로 하지 마옵소서.
주께서 나로 없어지게 하실까
두려워하나이다
(예레미야 10:24)

마땅히 행할 길을

  초등학교 탁구선수 아이와 40
을 넘은 아버지 사이에 탁구시
합이 있었습니다. 그리고 아이가
아버지를 20:2로 간단하게 이겼
습니다. 아버지가 아들에 비해
부족한 것이 없었는데 말입니다.
그러나 한 가지 부족한 것이 있
었는데 그것은 훈련이었습니다.
아버지는 노련미도 많고 인생경
험도 풍부했습니다. 그러나 훈련
받지 못했을 때 그는 아이에게
도 질 수밖에 없었습니다.

아이에게 가르치라.
그리하면
늙어도 그것을 떠나지 아니하리라
(잠언 22:6)

아이의 마음에는
미련한 것이 얽혔으나
징계하는 채찍이
이를 멀리 쫓아내리라
(잠언 22:15)

주께서
그 사랑하시는 자를 징계 하시고
그의 받으시는 이들마다
채찍질 하심이니라 하였으니
너희가 참음은
징계를 받기 위함이라.
하나님이 아들과 같이
너희를 대우하시나니
어찌 아비가
징계하지 않는 아들이 있으리요.
징계는 다 받는 것이거늘
너희에게 없으면 사생자요
참 아들이 아니니라
(히브리서 12:6-8)

분별력

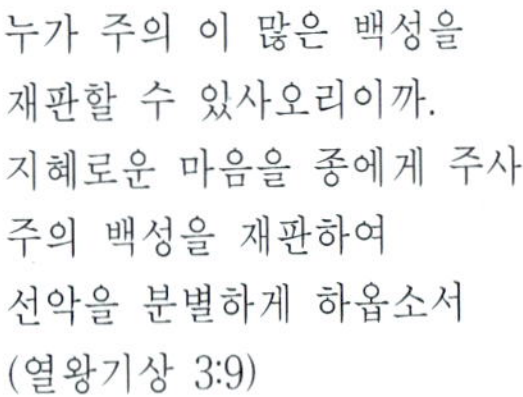

분별이
따르지 않는 재능의
십 중 팔구는
항상
비극적인 결말로써
끝나게 된다.

누가 주의 이 많은 백성을
재판할 수 있사오리이까.
지혜로운 마음을 종에게 주사
주의 백성을 재판하여
선악을 분별하게 하옵소서
(열왕기상 3:9)

복있는 사람은
악인의 꾀를 좇지 아니하며
죄인의 길에 서지 아니하며
오만한 자의 자리에
앉지 아니하고
오직 여호와의 율법을 즐거워하여
그 율법을
주야로 묵상하는 자로다.
저는 시냇가에 심은 나무가
시절을 좇아 과실을 맺으며
그 잎사귀가
마르지 아니함 같으니
그 행사가 다 형통하리로다
(시편 1:1-3)

너는 마음을 다하여
여호와를 의뢰하고
네 명철을 의지하지 말라.
너는 범사에 그를 인정하라.

거짓 지혜와 참된 지혜는 차이가 있습니다. 참된 지혜에는 바른 분별이 있지만 거짓 지혜에는 분별이 없습니다. 거짓 지혜는 치밀한 논리가 있을 수 있으며 계산에 능숙할 수 있습니다. 그러나 그 거짓 지혜는 참으로 어리석은 선택을 하고 맙니다. 왜냐하면 그 지혜에 참된 분별이 없기 때문입니다.

그리하면 네 길을 지도하시리라
(잠언 3:5-6)

은혜를 베풀며
꾸이는 자는 잘 되나니
그 일을 공의로 하리로다
(시편 112:5)

나는 주의 종이오니 깨닫게 하사
주의 증거를 알게 하소서
(시편 119:125)

주의 말씀을 열므로
우둔한 자에게 비춰어
깨닫게 하나이다
(시편 119:130)

분별력
♥
55

찬 양

**이 세상에서
가장 위대한 일은
찬양을 통해
이루어졌다.**

하늘은 기뻐하고 땅은 즐거워하며
열방 중에서는 이르기를
여호와께서 통치하신다 할지로다
(역대상 16:31)

주께서 나의 슬픔을 변하여
춤이 되게 하시며
나의 베옷을 벗기고
기쁨으로 띠 띠우셨나이다
(시편 30:11)

너희 만민들아 손바닥을 치고
즐거운 소리로
하나님께 외칠지어다
(시편 47:1)

즐거운 소리를 아는 백성은
유복한 자라.
여호와여 저희가
주의 얼굴 빛에 다니며
(시편 89:15)

마음의 즐거움은
얼굴을 빛나게 하여도
마음의 근심은
심령을 상하게 하느니라

  찬송은 그냥 노래가 아닙니다.
찬송은 하나님이 받으시는 제사
입니다. 그래서 우리가 아무런
의미없이 그냥 흥얼대는 식의
찬송을 부를 수 없는 것입니다.
곡조에 도취되어 그 찬양의 대
상을 잊는 것은 참으로 어리석
은 일입니다. 왜냐하면 그거은
찬양이 아니기 때문입니다.

(잠언 15:13)

너희는 기쁨으로 나아가며
평안히 인도함을 받을 것이요
산들과 작은 산들이
너희 앞에서 노래를 발하고
들의 모든 나무가
손바닥을 칠 것이며
(이사야 55:12)

시와 찬미와
신령한 노래들로 서로 화답하며
너희의 마음으로
주께 노래하며 찬송하며
(에베소서 5:19)

찬 양
57

그리스도인의 윤리

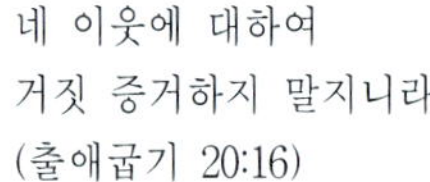

그리스도인의 윤리는
그 사람의
어떤 고결한 인품이나
결심에 의해서
이루어지는 것이
아니다.
그의 평범한
매일매일의
행위에 의해서
이루어지는
것이다.

네 이웃에 대하여
거짓 증거하지 말지니라
(출애굽기 20:16)

복있는 사람은
악인의 꾀를 좇지 아니하며
죄인의 길에 서지 아니하며
오만한 자의 자리에
앉지 아니하고
오직 여호와의 율법을 즐거워하여
그 율법을
주야로 묵상하는 자로다
(시편 1:1-2)

내가 주를 바라오니
성실과 정직으로 나를 보호하소서
(시편 25:21)

내가 나의 완전함에
행하였사오며 요동치 아니하고
여호와를 의지하였사오니
여호와여 나를 판단하소서
(시편 26:1)

완전히 행하는 자가 의인이라
그 후손에게 복이 있느니라

    하나님 앞에서는 모든 것이 다
잘못한 것 같습니다. 소자에게
한 것이 내게 한 것이라는 말씀
이 가슴을 찌릅니다. 그러나 사
람들 앞에 서는 순간 우리의 눈
앞에는 소자가 보이지 않습니다.
소자에게 한 것이 곧 내게 한
것이라는 말씀이 도무지 생각나
지를 않습니다. 여기에서 그리스
도인의 윤리는 파괴되고 맙니다.

(잠언 20:7)

아무에게도
악으로 악을 갚지 말고
모든 사람 앞에서
선한 일을 도모하라
(로마서 12:17)

최고

하나님은
자기에게
선택권을
이양한 자를 위해
최고의 것을
예비하신다.
암흑에는
선택이 없지만
빛 가운데는
선택이 있다.
그리고
그리스도는
우리의 빛이시다.

행하고 손이 깨끗한 자는
점점 힘을 얻느니라.
(욥기 17:9)

의인은 종려나무 같이 번성하며
레바논의 백향목 같이
발육하리로다.
(시편 92:12)

많은 재물보다
명예를 택할 것이요.
은이나 금보다 은총을
더욱 택할 것이니라.
(잠언 22:1)

이에 총리들과 방백들이
국사에 대하여
다니엘을 고소할 틈을
얻고자 하였으나
능히 아무 틈, 아무 허물을
얻지 못하였으니
이는 그가 충성되어
아무 그릇함도 없고
아무 허물도 없음이었더라.
(다니엘 6:4)

　　누구에게나 최고가 되고 싶은 욕망이 있습니다. 그러나 하나님은 자신이 최고가 되는 것을 싫어할 것이라고 생각하는 사람이 있습니다. 그래서 저항하고 자신의 방법을 선택하려고 안간힘을 썼습니다. 그러나 이것은 사탄의 속임수였다는 사실을 알게 되었습니다. 하나님은 항상 그의 백성을 최고로 만드시는 일에 인색하지 않았음을 성경은 우리에게 말해주고 있습니다.

오직 너희는 믿음과
말과 지식과 모든 간절함과
우리를 사랑하는
이 모든 일에 풍성한 것같이
이 은혜에도 풍성하게 할지니라.
(고린도후서 8:7)

최 고

기 대 

기대는
기적을
부른다.

내 영혼아
네가 어찌하여 낙망하며
어찌하여
내 속에서 불안하여 하는고.
너는 하나님을 바라라.
나는 내 얼굴을 도우시는
내 하나님을
오히려 찬송하리로다
(시편 42:11)

나의 영혼아
잠잠히 하나님만 바라라.
대저 나의 소망이
저로 좇아 나는도다
(시편 62:5)

정녕히 네 장래가 있겠고
네 소망이 끊어지지 아니하리라
(잠언 23:18)

예수께서 이르시되
할 수 있거든 이 무슨 말이냐.
믿는 자에게는
능치 못할 일이 없느니라 하시니
(마가복음 9:23)

　　우리는 사람들에게 많은 기대
를 가지고 있습니다. 우리는 우
리가 잘 알지도 못하는 사람들
에게조차 무엇인가를 기대하며
삽니다. 그런데 참 이상합니다.
우리의 하나님, 우리를 위해 그
의 아들을 십자가에 내어주기까
지 하신 하나님을 참으로 기대
하는 사람은 많지 않습니다. 하
나님께 기대하는 것이 무엇이냐
고 묻는다면 지금 어떻게 대답
을 하겠습니까?

내가 진실로 너희에게 이르노니
누구든지 이 산더러
들리어 바다에 던지우라 하며
그 말하는 것이 이룰 줄 믿고
마음에 의심치 아니하면
그대로 되리라.
그러므로 내가 너희에게 말하노니
무엇이든지 기도하고 구하는 것은
받은 줄로 믿으라.
그리하면 너희에게 그대로 되리라
(마가복음 11:23-24)

믿음이 없이는 기쁘시게 못하나니
하나님께 나아가는 자는
반드시 그가 계신 것과
또한 그가 자기를 찾는 자들에게
상 주시는 이심을
믿어야 할지니라
(히브리서 11:6)

믿음의 기도

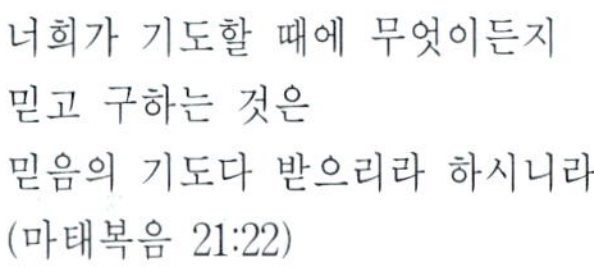

믿음을 갖는 것은
기도하는 것이며
하나님으로부터
오는 것을
기대하는 것이다.
믿음이 고갈된 사람만큼
이 세상에서
비참한 인생은
없다.

너희가 기도할 때에 무엇이든지
믿고 구하는 것은
믿음의 기도다 받으리라 하시니라
(마태복음 21:22)

예수께서 이르시되
할 수 있거든 이 무슨 말이냐.
믿는 자에게는
능치 못할 일이 없느니라 하시니
(마가복음 9:23)

주께서 가라사대
너희에게 겨자씨 한 알만한
믿음이 있었더면
이 뽕나무더러 뿌리가 뽑혀
바다에 심기우라 하였을 것이요.
그것이 너희에게 순종하였으리라
(누가복음 17:6)

그러므로 내가 너희에게 말하노니
무엇이든지 기도하고 구하는 것은
받은 줄로 믿으라.
그리하면 너희에게 그대로 되리라
(마가복음 11:24)

믿음이 없어

   기도하면서 믿을 것을 믿지 못
하는 사람들이 있습니다. 그들
은 바로 어제 기도하였던 기도
의 제목도 잊어버렸습니다. 그들
은 자신이 예수님의 이름으로
드린 기도의 응답을 기억하거나
찾지 않습니다. 만약 우리가 하
나님께 받은 기도의 응답들을
다 기억하고 있다면 그 감사와
기쁨은 이루 말할 수가 없었을
것입니다.

하나님의 약속을 의심치 않고
믿음에 견고하여져서
하나님께 영광을 돌리며
약속하신 그것을 또한 능히
이루실 줄을 확신하였으니
(로마서 4:20-21)

모든 것 위에
믿음의 방패를 가지고
이로써 능히 악한 자의
모든 화전을 소멸하고
(에베소서 6:16)

가 정

가정은 여자에게
창조주 다음의 권력이
부여되는 곳이다.
가정의 온도는
뜨거운 정으로
유지돼야 하고
급한 성질로
유지되어서는 안된다.
행복한 가정은
천국의 전초기지이다.

－잭슨

마땅히 행할 길을
아이에게 가르치라.
그리하면 늙어도
그것을 떠나지 아니하리라
(잠언 22:6)

의인의 아비는
크게 즐거울 것이요
지혜로운 자식을 낳은 자는
그를 인하여 즐거울 것이니라
(잠언 23:24)

집은 지혜로 말미암아 건축되고
명철로 말미암아 견고히 되며
(잠언 24:3)

네 모든 자녀는
여호와의 교훈을 받을 것이니
네 자녀는 크게 평강할 것이며
(이사야 54:13)

가로되 주 예수를 믿으라.
그리하면 너와 네 집이
구원을 얻으리라 하고
(사도행전 16:31)

가정은 하나님이 주신 축복의 보화들이 가득차 있는 곳입니다. 그래서 어느 것 하나 소홀히 다룰 수가 없는 것들입니다. 부모가 있고 형제자매가 있고 남편이 있고 아들이 있습니다. 우리는 이들이 없이는 이 세상에서 살아갈 수가 없습니다. 그래서 우리는 하나님께서 우리의 가정을 축복해주시기를 그렇게 기도하였던 것입니다.

또 아비들아
너희 자녀를 노엽게 하지 말고
오직 주의 교양과
훈계로 양육하라
(에베소서 6:4)

누구든지 자기 친족 특히
자기 가족을 돌아보지 아니하면
믿음을 배반한 자요
불신자보다 더 악한 자니라
(디모데전서 5:8)

친 절

친절은
이 세상을
아름답게 하며,
모든 배반을
해결한다.
얽힌 것을
풀어 주고,
곤란한 일을
해결해주며,
암담한 것을
즐거움으로
바꾼다.

– 톨스토스

은혜를 베풀며
꾸이는 자는 잘되나니
그 일을 공의로 하리로다
(시편 112:5)

선을 간절히 구하는 자는
은총을 얻으려니와
악을 더듬어 찾는 자에게는
악이 임하리라
(잠언 11:27)

선인은 여호와께
은총을 받으려니와
악을 꾀하는 자는
정죄하심을 받으리라
(잠언 12:2)

선한 지혜는 은혜를 베푸나
궤사한 자의 길은 험하니라.
무릇 슬기로운 자는
지식으로 행하여도
미련한 자는
자기의 미련한 것을 나타내느니라
(잠언 13:15-16)

고운 것도 거짓되고

이 세상에서 가장 칭찬받는 그리스도인들이 있습니다. 이 세상에서 하나님께 영광을 돌리는 그리스도인이 있습니다. 이 세상에서 참으로 세상의 빛이요 소금으로 사는 그리스도인이 있습니다. 그는 바로 친절한 그리스도인입니다. 그는 이 세상에서 가장 아름다운 이름을 가졌으며 가장 능력있는 그리스도인입니다.

아름다운 것도 헛되나
오직 여호와를 경외하는 여자는
칭찬을 받을 것이라
(잠언 31:30)

예수는
그 지혜와 그 키가 자라가며
하나님과 사람에게
더 사랑스러워 가시더라
(누가복음 2:52)

두려움

하나님을
두려워하는 자는
삶을 겁없이 대하나
하나님을
두려워하지 않는 자는
모든 것을
무서워한다.
두려움이란
부정적인 생각의 필름이
현상되는
암실이다.

– 할버슨

너는 마음을 강하게 하고
담대히 하라.
그들을 두려워 말라.
그들 앞에서 떨지 말라.
이는 네 하나님 여호와
그가 너와 함께 행하실 것임이라.
반드시 너를 떠나지 아니하시며
버리지 아니하시리라 하고
(신명기 31:6)

보라 하나님은 나의 구원이시라
내가 의뢰하고 두려움이 없으리니
주 여호와는 나의 힘이시며
나의 노래시며 나의 구원이심이라
(이사야 12:2)

두려워 말라
내가 너와 함께 함이니라.
놀라지 말라
나는 네 하나님이 됨이니라.
내가 너를 굳세게 하리라.
참으로 너를 도와 주리라.
참으로
나의 의로운 오른손으로
너를 붙들리라
(이사야 41:10)

   삶에 대한 두려움을 불신앙으
로 생각하는 사람들이 많지 않
습니다. 그러나 그 두려움이라는
무성한 나무를 지나 뿌리를 찾
아 보면 그곳에는 하나님에 대
한 불신이라는 불신앙이 자리잡
고 있는 것을 발견하게 됩니다.
그것은 두려움을 가지고 모든
기회를 잃어버리게 합니다. 두려
움은 값싸고 천한 것들에 만족
하도록 유혹합니다.

너희는 다시 무서워하는
종의 영을 받지 아니하였고
양자의 영을 받았으므로
아바 아버지라 부르짖느니라
(로마서 8:15)

하나님이 우리에게 주신 것은
두려워하는 마음이 아니요
오직 능력과 사랑과
근신하는 마음이니
(디모데후서 1:7)

초 점

**그리스도가
초점에 맞혀지면
다른 모든 것에
구도가
갖춰진다.**

하나님이여 내 마음이 확정되었고
내 마음이 확정되었사오니
내가 노래하고 내가 찬송하리이다
(시편 57:7)

푯대를 향하여
그리스도 예수 안에서
하나님이 위에서 부르신
부름의 상을 위하여 좇아가노라
(빌립보서 3:14)

오직 너는 마음을 강하게 하고
극히 담대히 하여
나의 종 모세가 네게 명한 율법을
다 지켜 행하고
좌로나 우로나 치우치지 말라.
그리하면 어디로 가든지
형통하리니
(여호수아 1:7)

예수께서 이르시되
손에 쟁기를 잡고
뒤를 돌아보는 자는
하나님의 나라에 합당치
아니하니라 하시니라
(누가복음 9:62)

내가 무엇을 바라보는 것은 내 인생의 방향이 됩니다. 눈은 뒤를 바라보면서 앞으로 뛰는 사람은 없습니다. 눈은 앞을 보면서 몸은 뒤로 가는 사람도 없습니다. 그러나 신앙생활에서는 이런 일들이 자주 일어나는 것 같습니다. 그는 하나님을 바라보고 있다고 말하면서 몸은 자꾸 뒤로 가고 있습니다. 내 마음의 확정, 그것은 내 삶의 달려갈 길이요 방향입니다.

그러나 네가 거기서
네 하나님 여호와를
구하게 되리니
만일 마음을 다하고
성품을 다하여
그를 구하면 만나리라
(신명기 4:29)

그런즉 너희 하나님 여호와께서
너희에게 명령하신 대로
너희는 삼가 행하여
좌로나 우로나 치우치지 말고
(신명기 5:32)

용 서

용서란
사람에게
가장 필요한 것이요
인류 최고의 업적이다.
용서란 매우 흥미롭다.
독을 삭혀주고
심장을 뜨겁게 한다.
용서하면 할수록
영혼은
더 건강해진다.
신자는
완전할 수 없다.
다만
용서받을 뿐이다.

노하기를 더디하는 것이
사람의 슬기요
허물을 용서하는 것이
자기의 영광이니라
(잠언 19:11)

네 원수가 배고파 하거든
식물을 먹이고
목말라 하거든 물을 마시우라
(잠언 25:21)

나는 너희에게 이르노니
악한 자를 대적지 말라.
누구든지 네 오른편 뺨을 치거든
왼편도 돌려 대며
(마태복음 5:39)

너희가 사람의 과실을
용서하지 아니하면
너희 아버지께서도
너희 과실을
용서하지 아니하시리라
(마태복음 6:15)

서로 인자하게 하며
불쌍히 여기며 서로 용서하기를

어떤 그리스도인이 이런 말을 했습니다. '하나님 앞에 회개하는 시간이 제일 긴 사람이 다른 사람의 죄를 용서하는 데에 인색하다.' 이 말이 사실 아니기를 바랄 뿐입니다. 그러나 하나님 앞에 일만 달란트를 탕감 받은 사람이 백데나리온을 빚진 동관의 멱살을 움켜잡고 그를 괴롭히는 것은 도저히 믿어지지 않는 일입니다.

하나님이 그리스도 안에서
너희를 용서하심과 같이 하라
(에베소서 4:32)

누가 뉘게 혐의가 있거든
서로 용납하여 피차 용서하되
주께서 너희를 용서하신
것과 같이 너희도 그리하고
(골로새서 3:13)

용 서
♥
75

우 정

모든 사람에게
절하라.
하지만
몇몇 사람에게만
마음을 털어 놓으라.
친구를 신임하기 전
믿을 수 있는가를
확인하라.
진실한 우정은
천천히 자라나는
식물 같아서
역경을 이긴 후에나
가능한 것이다.

— 조지 워싱턴

형제가 연합하여 동거함이
어찌 그리 선하고 아름다운고
(시편 133:1)

친구는 사랑이 끊이지 아니하고
형제는 위급한 때까지
위하여 났느니라
(잠언 17:17)

많은 친구를 얻는 자는
해를 당하게 되거니와
어떤 친구는 형제보다 친밀하니라
(잠언 18:24)

노를 품는 자와 사귀지 말며
울분한 자와 동행하지 말지니
(잠언 22:24)

친구의 통책은
충성에서 말미암은 것이나
원수의 자주 입맞춤은
거짓에서 난 것이니라
(잠언 27:6)

기름과 향이
사람의 마음을 즐겁게 하나니

어떤 사람은 친구의 의리를 신앙보다 더 중요하게 생각하기도 합니다. 친구들에게 버림받은 것이 하나님으로부터 버림받은 것처럼 생각하는 사람들이 있습니다. 그러나 참된 친구의 우정은 그렇게 신앙을 방해하거나 고민하게 하지 않습니다. 친정한 친구는 믿음을 키워주고 하나님께 가까이 가게 해줍니다. 그가 바로 친구이며 그것이 바로 우정입니다.

친구의 충성된 권고가
이와 같이 아름다우니라.
네 친구와
네 아비의 친구를 버리지 말며
네 환난날에
형제의 집에 들어가지 말지어다.
가까운 이웃이
먼 형제보다 나으니라
(잠언 27:9-10)

사람이 친구를 위하여
자기 목숨을 버리면
이에서 더 큰 사랑이 없나니
너희가 나의 명하는 대로 행하면
곧 나의 친구라
(요한복음 15:13-14)

목표세우기

:

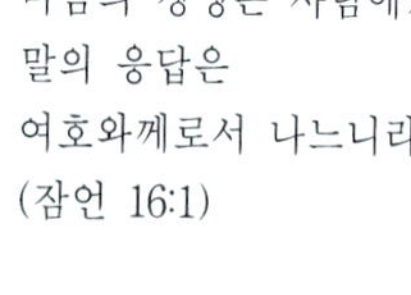

목적을
가지고 사는
것이야말로
인생을
사는 것이다.

－파터스트

너는 범사에 그를 인정하라.
그리하면 네 길을 지도하시리라
(잠언 3:6)

마음의 경영은 사람에게 있어도
말의 응답은
여호와께로서 나느니라
(잠언 16:1)

사람이 마음으로
자기의 길을 계획할지라도
그 걸음을 인도하는 자는
여호와시니라
(잠언 16:9)

너희 중에
누가 망대를 세우고자 할진대
자기의 가진 것이 준공하기까지에
족할는지 먼저 앉아
그 비용을 예산하지 아니하겠느냐.
그렇게 아니하여 그 기초만 쌓고
능히 이루지 못하면
보는 자가 다 비웃어 가로되
이 사람이 역사를 시작하고
능히 이루지 못하였다 하리라.
또 어느 임금이

   하나님 안에서 목표를 세우십
니까? 이 질문은 언젠가 매우
유명한 강사가 던진 질문입니다.
'하나님 안에서'라는 표현의 그
충격을 결코 잊을 수가 없습니
다. 우리는 흔히 "하나님의 영광
을 위하여"라는 구호를 외치며
살아왔습니다. 그러나 오늘 우리
의 학업과 우리의 직장이 하나
님의 영광과 어떻게 관계가 되
고 있습니까? 우리가 들어간 대
학과 전공한 과목이 하나님의
영광과 무슨 관련을 맺고 있습
니까?

다른 임금과 싸우러 갈 때에
먼저 앉아 일만으로서
저 이만을 가지고 오는 자를
대적할 수 있을까
헤아리지 아니하겠느냐.
만일 못할 터이면
저가 아직 멀리 있을 동안에
사신을 보내어 화친을 청할지니라
(누가복음 14:28-32)

게으른 자여 개미에게로 가서
그 하는 것을 보고 지혜를 얻으라.
개미는 두령도 없고
간역자도 없고 주권자도 없으되
먹을 것을 여름 동안에 예비하며
추수 때에 양식을 모으느니라
(잠언 6:6-8)

하나님

하나님이
아직도
우주의 운전대에
손을 대고 계심을
생각할 때
지극히 큰 위로가
된다.
우리 주님은
자신의 서영을
덮어두는 자에게
하늘의 창문을
열지
않으신다.

태초에 하나님이
천지를 창조하시니라
(창세기 1:1)

태초에 말씀이 계시니라.
이 말씀이
하나님과 함께 계셨으니
이 말씀은 곧 하나님이시니라.
그가 태초에
하나님과 함께 계셨고
(요한복음 1:1-2)

기록되었으되 주께서 가라사대
내가 살았노니
모든 무릎이 내게 꿇을 것이요.
모든 혀가
하나님께 자백하리라 하였느니라.
이러므로 우리 각인이
자기 일을 하나님께 직고하리라
(로마서 14:11-12)

만물이 그에게 창조되되
하늘과 땅에서 보이는 것들과
보이지 않는 것들과
혹은 보좌들이나 주관들이나
정사들이나 권세들이나

하나님은 어떤 분이십니까?

그 분은 말씀으로 천지만물을 창조하시고 우리 인간에게 그 모든 것을 다스리도록 명령하신 분입니다. 특별히 우리 인간은 하나님의 형상을 닮도록 창조하셨습니다. 그렇기 때문에 원형인 하나님의 속성을 가진 모형으로서 그 분을 닮아가는 연습을 생애 속에서 끊임없이 해야 합니다. 지금도 살아계신 하나님께서는 우리의 삶 속에서 말씀하시고 간섭하고 계십니다. 우리는 좌우를 살피지 말고 위엣 것을 추구해야 합니다. 어디에나 계시는 그분께 우리의 곤고한 짐을 의탁하여 하늘의 위로를 받읍시다.

만물이 다 그로 말미암고
그를 위하여 창조되었고
또한 그가 만물보다 먼저 계시고
만물이 그 안에 함께 섰느니라
(골로새서 1:16-17)

보좌에서 음성이 나서 가로되
하나님의 종들
곧 그를 경외하는 너희들아
무론대소하고 다 우리 하나님께
찬송하라 하더라
(요한계시록 19:5)

어리석은 자는
그 마음에 이르기를
하나님이 없다 하도다.
저희는 부패하며
가증한 악을 행함이여
선을 행하는 자가 없도다
(시편 53:1)

잡 담

:

쓸데없는 잡담만큼
태만을 찬란하게
꾸미는 것은 없다.
사람들은
잠자코 있을 수가
없는 법이다.
태만 때문에 생기는
답답증을
풀기 위해서는
쓸데없는
잡담이라도 한다.
그렇지 않고는
견디지 못하기
때문이다.

— 톨스토이

그 이웃을 그윽히 허는 자를
내가 멸할 것이요
눈이 높고 마음이 교만한 자를
내가 용납지 아니하리로다
(시편 101:5)

여호와여 내 입 앞에
파수꾼을 세우시고
내 입술의 문을 지키소서
(시편 141:3)

네 말로 의롭다함을 받고
네 말로 정죄함을 받으리라
(마태복음 12:37)

무릇 더러운 말은
너희 입 밖에도 내지 말고
오직 덕을 세우는 데
소용되는 대로 선한 말을 하여
듣는 자들에게
은혜를 끼치게 하라
(에베소서 4:29)

또 저희가 게으름을 익혀
집집에 돌아다니고
게으를 뿐 아니라

우리 인간은 이 세상을 살아가
면서 수없이 많은 대화 속에서
살아갑니다. 그 대화 속에 오가
는 말들은 이웃의 마음을 기쁘
게도 하지만 또한 마음을 아프
게 하는 말들도 많습니다. 사람
이 혀로 하는 말을 조심할 수
있다면 아니 그 말들을 분별할
수 있다면 그는 참으로 성숙한
사람입니다. 마음을 종용히 하고
말을 할 때는 다시금 한 번 더
생각을 해보아야 합니다. 다른
사람의 입장을 고려해서 이야기
를 한다면 우리는 성공한 인생
을 살 수 있을 것입니다.

망령된 폄론을 하며 일을 만들며
마땅히 아니할 말을 하나니
(디모데전서 5:13)

너희 중에 누구든지
살인이나 도적질이나 악행이나
남의 일을 간섭하는 자로
고난을 받지 말려니와
(베드로전서 4:15)

내 사랑하는 형제들아
너희가 알거니와
사람마다 듣기는 속히 하고
말하기는 더디 하며
성내기도 더디 하라
(야고보서 1:19)

감 사

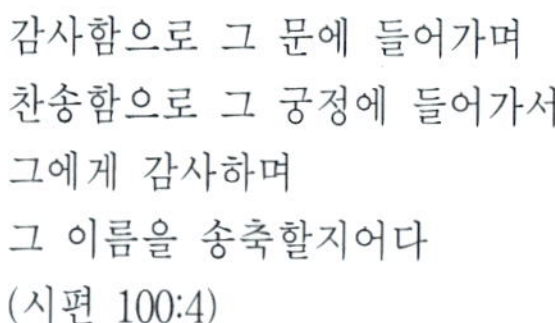

감사는
위대한 교양의
결실이다.
그렇기에 천하고
상스러운 사람
중에서는
얻기 어려운 것이다.
감사는
최고의 항암제요
해독제요 방부제이다.

감사함으로 그 문에 들어가며
찬송함으로 그 궁정에 들어가서
그에게 감사하며
그 이름을 송축할지어다
(시편 100:4)

이에 잔을 받으사 사례하시고
가라사대
이것을 갖다가 너희끼리 나누라
(누가복음 22:17)

또 떡을 가져 사례하시고 떼어
저희에게 주시며 가라사대
이것은 너희를 위하여 주는
내 몸이라.
너희가 이를 행하여
나를 기념하라 하시고
(누가복음 22:19)

찬송하리로다 하나님 곧 우리 주
예수 그리스도의 아버지께서
그리스도 안에서
하늘에 속한 모든 신령한 복으로
우리에게 복 주시되
(에베소서 1:3)

미국인들이 가장 많이 사용하는 표현 중의 하나는 "감사합니다"라는 인사입니다. 이 감사는 어떤 조건에 관계없이 늘 상대방에게 전달됩니다. 그런데 놀라운 사실은 이런 감사를 하는 그들의 표정에는 매우 큰 기쁨이 있다는 것입니다. 이제 우리는 감사가 하나의 에티켓이 아니라 신앙의 진지한 표현임을 알게 됩니다.

범사에 우리 주
예수 그리스도의 이름으로
항상 아버지 하나님께 감사하며
(에베소서 5:20)

아무 것도 염려하지 말고
오직 모든 일에 기도와 간구로
너희 구할 것을 감사함으로
하나님께 아뢰라
(빌립보서 4:6)

가로되 아멘 찬송과 영광과
지혜와 감사와 존귀와 능력과
힘이 우리 하나님께
세세토록 있을지로다
아멘 하더라
(요한계시록 7:12)

탐 욕

모든 것을
움켜쥐려 하는 자는
모든 것을
놓치고 만다.
갈망함에 깊숙이
빠지게 되면
가진 것을 더 이상
즐길 수 없다.
만일
그대의 욕망에
한이 없으면
그대의 근심도
그칠 날이 없다.
탐심을 충동하는 것은
필요가 아니요
풍부에 대한 갈증이다.

− 아라비아 속담

흩어 구제하여도
더욱 부하게 되는 일이 있나니
과도히 아껴도 가난하게 될
뿐이니라.
구제를 좋아하는 자는
풍족하여질 것이요
남을 윤택하게 하는 자는
윤택하여지리라
(잠언 11:24-25)

그 이웃을 업신여기는 자는
죄를 범하는 자요.
빈곤한 자를 불쌍히 여기는 자는
복이 있는 자니라
(잠언 14:21)

이를 탐하는 자는
자기 집을 해롭게 하나
뇌물을 싫어하는 자는 사느니라
(잠언 15:27)

저희에게 이르시되
삼가 모든 탐심을 물리치라.
사람의 생명이
그 소유의 넉넉한 데
있지 아니하니라 하시고

처음에는 탐욕이 무엇인가 부족하기 때문에 생겨나는 정당한 자기 방어인 줄 알았습니다. 그런데 많은 시간이 흐르고 깨닫게 된 것은 탐욕은 무엇이 부족한 상태와는 관계가 없다는 것입니다. 오히려 탐욕은 태우고 또 태워도 만족할 줄 모르는 불길처럼 더 거세어져가기만 합니다. 이제 탐욕은 무엇인가 더 얻음으로 해소되는 것이 아니고 오직 자족하는 마음을 통해서만 극복할 수 있음을 알게 됩니다.

(누가복음 12:15)

너희 보물 있는 곳에는
너희 마음도 있으리라
(누가복음 12:34)

돈을 사랑치 말고
있는 바를 족한 줄로 알라.
그가 친히 말씀하시기를
내가 과연 너희를
버리지 아니하고
과연 너희를 떠나지 아니하리라
하셨느니라
(히브리서 13:5)

부자 되기에 애쓰지 말고
네 사사로운 지혜를 버릴지어다.
네가 어찌 허무한 것에
주목하겠느냐.
정녕히 재물은 날개를 내어
하늘에 나는 독수리처럼
날아가리라
(잠언 23:4-5)

슬 픔

세상에 있는
모든 것은
대조되는
그 무엇을 가진다.
슬픔의 대조로
기쁨이 존재한다.
가장 뜨거운 눈물로
씨를 뿌리는 자는
가장 큰 기쁨으로
수확을 거두게
될 것이다.

- 페스탈로지

형제들아 자는 자들에 관하여는
너희가 알지 못함을
우리가 원치 아니하노니
이는 소망 없는 다른 이와 같이
슬퍼하지 않게 하려 함이라.
우리가 예수의 죽었다가
다시 사심을 믿을진대
이와 같이 예수 안에서
자는 자들도 하나님이
저와 함께 데리고 오시리라
(데살로니가전서 4:13-14)

하늘이여 노래하라.
땅이여 기뻐하라.
산들이여 즐거이 노래하라.
여호와가 그 백성을 위로하였은즉
그 고난 당한 자를
긍휼히 여길 것임이니라
(이사야 49:13)

네가 물 가운데로 지날 때에
내가 함께할 것이라.
강을 건널 때에
물이 너를 침몰치 못할 것이며
네가 불 가운데로 행할 때에
타지도 아니할 것이요

　　오늘 차라리 우리는 울 수 있
는 눈물이 있다는 것을 인하여
하나님께 감사해야 합니다. 눈물
은 영혼의 고귀한 보석이며 놀
라운 수확의 예언이기 때문입니
다. 그러나 우리가 예수 그리스
도를 깊이 알면 알수록 우리가
가진 많은 슬픔들은 점점 사라
지는 것을 발견하게 됩니다. 그
럼에도 불구하고 여전히 우리에
게 남아 있는 슬픔이 있다면 그
슬픔은 결코 우리의 아픔이 아
니라 승화이며 성숙임을 알게
됩니다.

불꽃이 너를 사르지도 못하리니
(이사야 43:2)

애통하는 자는 복이 있나니
저희가 위로를 받을 것임이요
(마태복음 5:4)

이 말씀은 나의 곤란 중에 위로라.
주의 말씀이
나를 살리셨음이니이다
(시편 118:50)

나의 인도자

당신의 짐을
가볍게 해 달라고
기도하지 말고
차라리
바른 길로
인도해달라고
기도하라.

주의 말씀은
내 발에 등이요
내 길에 빛이니이다
(시편 119:105)

그것이 너의 다닐 때에
너를 인도하며
너의 잘 때에 너를 보호하며
너의 깰 때에 너로 더불어
말하리니
대저 명령은 등불이요
법은 빛이요
훈계의 책망은 곧
생명의 길이라
(잠언 6:22-23)

그러므로 예수께서 자기를 믿은
유대인들에게 이르시되
너희가 내 말에 거하면
참 내 제자가 되고 진리를 알지니
진리가 너희를 자유케 하리라
(요한복음 8:31-32)

내가 너의 갈 길을 가르쳐 보이고
너를 주목하여 훈계하리로다
(시편 32:8)

여호와는 나의 목자시니 나에게 부족함이 없으리로다. 다윗이 여호와를 목자라고 불렀기 때문에 자신은 부족함이 없다고 고백했습니다. 그는 하나님이 자신의 인도자됨을 조금도 의심치 않고 있습니다. 참 놀라운 확신이며 담대함입니다. 오늘날 우리에게 이 고백이 필요합니다. 지금 하나님이 나의 인도자가 되신다는 확신만 있다면 많은 괴로움과 불안을 떨쳐버릴 수 있을 것입니다.

모든 성경은
하나님의 감동으로 된 것으로
교훈과 책망과 바르게 함과
의로 교육하기에 유익하니
이는 하나님의 사람으로
온전케 하며
모든 선한 일을 행하기에
온전케 하려 함이니라
(디모데후서 3:16-17)

습관

습관은 어떤 종류의
것이든 간에
우리들을 매우
강력하게 지배한다.
습관 중에서
좋지 못한 것을
부인하고
혐오할 수는 있지만
이것을
제하고 변경하기란
어렵다.

– 어거스틴

그리하시면 내가 주의 이름을
영원히 찬양하며
매일 나의 서원을 이행하리이다
(시편 61:8)

내 아들아 내 말을 지키며
내 명령을 네게 간직하라
(잠언 7:1)

너희 자신을 종으로 드려
누구에게 순종하든지
그 순종함을 받는 자의 종이
되는 줄을 너희가 알지 못하느냐.
혹은 죄의 종으로 사망에 이르고
순종의 종으로 의에 이르느니라
(로마서 6:16)

내가 이르노니
너희는 성령을 좇아 행하라.
그리하면 육체의 욕심을
이루지 아니하리라
(갈라디아서 5:16)

내게 능력 주시는 자 안에서
내가 모든 것을 할 수 있느니라
(빌립보서 4:13)

   습관은 하루 아침에 만들어지
지 않습니다. 강력한 행동이 계
속적으로 쌓이고 쌓였을 때 습
관이 만들어집니다. 많은 사람들
은 습관이라는 단어를 싫어합니
다. 그러나 행동이 습관화되지
않으면 삶의 안정은 깨어지고
맙니다. 좋은 습관은 신앙생활에
매우 유익합니다. 다만 습관이
매너리즘에 빠지지 않도록 하는
것이 중요합니다.

그러나 내가 긍휼을 입은 까닭은
예수 그리스도께서
내게 먼저
일절 오래 참으심을 보이사
후에 주를 믿어
영생 얻는 자들에게
본이 되게 하려 하심이니라
(디모데전서 1:16)

범사에 네 자신으로
선한 일의 본을 보여
교훈의 부패치 아니함과 경건함과
(디도서 2:7)

행 복

진정한 행복은
외부조건의 충족에서
오는 것이 아니라
내부의 덕과 지식이
채워짐으로 온다.
행복은 매일의 순간을
사랑과 은혜와 감사로
엮어갈 때 얻어지는
영적 경험이다. 행복은
우리 안에 있지도
않고 우리 밖에
있지도 않다. 오직
하나님과 같이 있을
때만 있다.

볼지어다
하나님께 징계받는 자에게는
복이 있나니
그런즉 너는 전능자의 경책을
업신여기지 말지니라
(욥기 5:17)

주께서 내 마음에 두신 기쁨은
저희의 곡식과
새 포도주의 풍성할 때보다
더하니이다
(시편 4:7)

이러한 백성은 복이 있나니
여호와를
자기 하나님으로 삼는 백성은
복이 있도다
(시편 144:15)

그 이웃을 업신여기는 자는
죄를 범하는 자요
빈곤한 자를 불쌍히 여기는 자는
복이 있는 자니라
(잠언 14:21)

마음이 지혜로운 자가

명철하다 일컬음을 받고
입이 선한 자가
남의 학식을 더하게 하느니라
(잠언 16:21)

삼가 말씀에 주의하는 자는
좋은 것을 얻나니
여호와를 의지하는 자가
복이 있느니라
(잠언 16:20)

묵시가 없으면
백성이 방자히 행하거니와
율법을 지키는 자는
복이 있느니라
(잠언 29:18)

지혜를 얻은 자와
명철을 얻은 자는
복이 있나니
(잠언 3:13)

건 강

절제를 벗으로 하라.
그러면
그대의 얼굴에
건강이 깃들리라.
건강한 육체는
사랑방이지만,
병든 육체는
감옥이다.

상심한 자를 고치시며
저희 상처를 싸매시는도다
(시편 147:3)

스스로 지혜롭게 여기지 말지어다.
여호와를 경외하며
악을 떠날지어다.
이것이 네 몸에 양약이 되어
네 골수로 윤택하게 하리라
(잠언 3:7-8)

내 아들아 내 말에 주의하며
나의 이르는 것에 네 귀를
기울이라. 그것을 네 눈에서
떠나게 말며 네 마음 속에 지키라.
그것은 얻는 자에게 생명이 되며
그 온 육체의 건강이 됨이니라
(잠언 4:20-22)

선한 말은 꿀송이 같아서
마음에 달고
뼈에 양약이 되느니라
(잠언 16:24)

마음의 즐거움은
양약이라도 심령의 근심은

뼈로 마르게 하느니라
(잠언 17:22)

사랑하는 자여 네 영혼이
잘됨같이 네가 범사에 잘 되고
강건하기를 내가 간구하노라
(요한삼서 1:2)

가라사대 너희가 너희 하나님
나 여호와의 말을 청종하고
나의 보기에 의를 행하며
내 계명에 귀를 기울이며
내 모든 규례를 지키면
내가 애굽 사람에게 내린
모든 질병의 하나도
너희에게 내리지 아니하리니
나는 너희를 치료하는
여호와임이니라
(출애굽기 15:26)

나 여호와가 말하노라.
그들이 쫓겨난 자라 하며
찾는 자가 없는 시온이라 한즉
내가 너를 치료하여
네 상처를 낫게 하리라
(예레미야 30:17)

소 망

소망이란
인간의
가슴 안에 있는
영원한 샘물이다.
소망의 나라에는
겨울이 없다.
그리스도와
함께 하는 생애는
끝없는 소망이요,
그가 없다면
끝없는 절망이다.

이러므로 내 마음이 기쁘고 내
영광도 즐거워하며 내 육체도
안전히 거하리니
(시편 16:9)

강하고 담대하라.
여호와를 바라는 너희들아
(시편 31:24)

소망이 부끄럽게 아니함은
우리에게 주신 성령으로 말미암아
하나님의 사랑이 우리 마음에
부은바 됨이니
(로마서 5:5)

만일 우리가 보지 못하는 것을
바라면 참음으로 기다릴지니라
(로마서 8:25)

소망의 하나님이 모든 기쁨과
평강을 믿음 안에서 너희에게
충만케 하사 성령의 능력으로
소망이 넘치게 하시기를 원하노라
(로마서 15:13)

나의 영혼아 잠잠히 하나님만

    왜 소망이 있는가 라는 질문을
받게 됩니다. 곰곰히 생각해보았
습니다. 우리가 한 번쯤 떠올릴
만한 그 모든 것들을 소망이라
고 말하려고 했습니다. 그런데
그것들 대부분이 몇 년 아니면
몇십년 후에는 더 이상 소망으
로 존재할 수 없는 것들임을 알
게 되었습니다. 영원한 소망, 죽
음이 찾아와 막이 세상을 떠나
가려고 할 때 그때에도 부끄럽
지 않은 소망, 그것이 참 소망임
을 알게 됩니다.

바라라. 대저 나의 소망이 저로
좇아나는도다
(시편 62:5)

다만 이뿐 아니라 우리가 환난
중에도 즐거워하나니 이는 환난은
인내를, 인내는 연단을, 연단은
소망을 이루는 줄 앎이로다
(로마서 5:4)

겸손

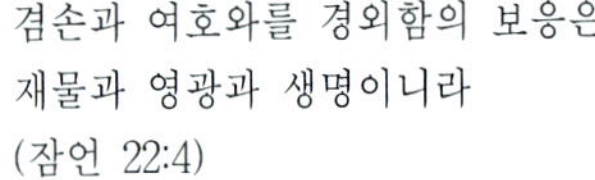

하나님을 알면
겸손해지고
자신을 알면
낮아진다.
믿음은
최상을 가져오고,
사랑은
최고를 실천하며
겸손은
최대를 소유케 한다.
겸손으로 가는 길은
영광으로 가는 길이다.

겸손과 여호와를 경외함의 보응은
재물과 영광과 생명이니라
(잠언 22:4)

그러므로 누구든지 이 어린
아이와 같이 자기를 낮추는
그이가 천국에서 큰 자니라
(마태복음 18:4)

그러므로 너희는 하나님의 택하신
거룩하고 사랑하신 자처럼 긍휼과
자비와 겸손과 온유와 오래
참음을 옷입고
(골로새서 3:12)

사람의 모양으로 나타나셨으매
자기를 낮추시고 죽기까지
복종하셨으니 곧 십자가에
죽으심이라
(빌립보서 2:8)

그러므로 하나님의 능하신 손
아래서 겸손하라. 때가 되면
너희를 높이시리라
(베드로전서 5:6)

　　이 세상에서 천국이란 단어와 가장 먼 것이 있다면 그것은 교만이라는 단어일 것입니다. 어떤 이들은 교만하지 않는 사람은 없다고 말할 정도로 많은 사람들이 교만해져 있습니다. 이때 진정 지혜로운 그리스도인이 있다면 무엇보다 겸손하기 위해 기도할 것입니다. 왜냐하면 겸손이란 이 세상에서 가장 영예로운 이름이며 최고의 칭찬이기 때문입니다.

그러나 더욱 큰 은혜를 주시나니
그러므로 일렀으되 하나님이
교만한 자를 물리치시고 겸손한
자에게 은혜를 주신다 하였느니라
(야고보서 4:6)

주 앞에서 낮추라. 그리하면
주께서 너희를 높이시리라
(야고보서 4:10)

무 지

무식을 감추는 것은
지식을
얻기보다 어렵다.
무식한 사람이
언제나 열심이 많다.
가난이
부끄러울 수는 없지만
무지는
부끄러운 것이다.
지식에는
한계가 있지만
무식에는
한계가 없다.
무식한 자가
목청은
제일 좋다.

— 그래소

여호와를 경외함이 곧 지혜의
근본이라 그 계명을 지키는 자는
다 좋은 지각이 있나니 여호와를
찬송함이 영원히 있으리로다
(시편 111:10)

대저 여호와는 지혜를 주시며
지식과 명철을 그 입에서
내심이며
그는 정직한 자를 위하여 완전한
지혜를 예비하시며 행실이 온전한
자에게 방패가 되시나니
(잠언 2:6-7)

이로써 우리도 듣던 날부터
너희를 위하여 기도하기를 그치지
아니하고 구하노니 너희로 하여금
모든 신령한 지혜와 총명에
하나님의 뜻을 아는 것으로
채우게 하시고
주께 합당히 행하여 범사에
기쁘시게 하고 모든 선한 일에
열매를 맺게 하시며 하나님을
아는 것에 자라게 하시고
(골로새서 1:9-10)

우리는 종종 "무지해서"라는 푸념겸 하소연을 하게 됩니다. 그러나 무지는 하소연정도로 가볍게 처리할 문제가 아닙니다. 무지는 따지고 보면 우리의 게으름에서 시작된 것입니다. 배움에 대한 게으름, 이것은 결고 미화될 수 없는 범죄입니다. 아마 우리가 배우기에 게으르지 않았다면 무지한 것 때문에 범한 죄를 상당히 줄일 수 있었을 것입니다.

내 백성이 지식이 없으므로 망하는도다. 네가 지식을 버렸으니 나도 너를 버려 내 제사장이 되지 못하게 할 것이요 네가 네 하나님의 율법을 잊었으니 나도 네 자녀들을 잊어버리리라

(호세아 4:6)

지 식

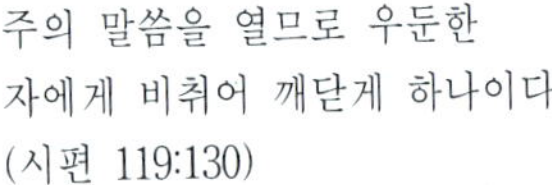

모든 보물 중에서
지식이 가장 귀하다.
이것은
훔칠 수도 없고,
주어도
없어지지 않고,
써도
없어지지 않기
때문이다.

- 히토파테사

주의 말씀을 열므로 우둔한
자에게 비춰어 깨닫게 하나이다
(시편 119:130)

훈계를 좋아하는 자는 지식을
좋아하나니 징계를 싫어하는 자는
짐승과 같으니라
(잠언 12:1)

하나님이 그 기뻐하시는 자에게는
지혜와 지식과 희락을 주시나
죄인에게는 노고를 주시고 저로
모아 쌓게 하사 하나님을
기뻐하는 자에게 주게 하시나니
이것도 헛되어 바람을 잡으려는
것이로다
(전도서 2:26)

내 백성이 지식이 없으므로
망하는도다. 네가 지식을 버렸으니
나도 너를 버려 내 제사장이 되지
못하게 할 것이요. 네가 네 하나님의
율법을 잊었으니 나도 네 자녀들을
잊어버리리라
(호세아 4:6)

　　지식은 하나님의 속성 중 하나입니다. 그래서 지식을 하나님의 축복 중의 하나라고 말합니다. 이 세상에서 학문적 지식이 뛰어난 사람들이 있습니다. 어떤 사람은 시사적인 지식에 밝은 사람들이 있고, 연예인들의 신상명세를 속속히 꿰고 있는 사람들도 있습니다. 그러나 이 세상에서 가장 고상하고 존귀한 지식은 예수 그리스도에 관하여 아는 것입니다.

　　예수님에 대하여 하나님에 대하여 아는 것이 없어 아무 말도 하지 못하고 사는 사람들이야말로 무식자들입니다.

이로써 우리도 듣던 날부터
너희를 위하여 기도하기를 그치지
아니하고 구하노니 너희로 하여금
모든 신령한 지혜와 총명에
하나님의 뜻을 아는 것으로
채우게 하시고
주께 합당히 행하여 범사에
기쁘시게 하고 모든 선한 일에
열매를 맺게 하시며 하나님을
아는 것에 자라게 하시고
(골로새서 1:9-10)

정 직

사람에게나
하나님에게나
정직하라.
사람은
속일 수 있으나
하나님은
속일 수없다.
그분은 우리의
머리털까지 세시는
분이기 때문이다.

그리하였으면 내가 공평한 저울에
달려서 하나님이 나의 정직함을
아시게 되기를 원하노라
(욥기 31:6)

복있는 사람은 악인의 꾀를 좇지
아니하며 죄인의 길에 서지
아니하며 오만한 자의 자리에
앉지 아니하고
(시편 1:1)

여호와를 경외함이 곧 지혜의
근본이라. 그 계명을 지키는 자는
다 좋은 지각이 있나니 여호와를
찬송함이 영원히 있으리로다
(시편 111:10)

은혜를 베풀며 꾸이는 자는 잘
되나니 그 일을 공의로 하리로다
(시편 112:5)

완전히 행하는 자가 의인이라 그
후손에게 복이 있느니라
(잠언 20:7)

그러나 너희 마음 속에 독한

　　정직이란 거짓이 없음을 의미
합니다. 자신의 약점이나 잘못에
대해 숨김이나 변명함이 없는
순수한 상태를 말합니다. 사회에
서는 정직을 신용이라고 합니다.
그 사람의 정직이 모든 것을 보
증하고도 남음이 있다는 뜻입니
다. 저는 개인적으로 제일 싫어
하는 단어가 있습니다. 그것은
부정직이라는 단어입니다.

시기와 다툼이 있으면 자랑하지
말라. 진리를 거스려 거짓하지
말라
(야고보서 3:14)

예수님

:

그리스도는
생애를 통해
어떻게 살 것인가를
보여주셨고,
죽음을 통해
희생을 보여주셨고,
부활을 통해
승리를 보여주셨고,
승천을 통해
왕권을 보여주셨고,
중보를 통해
제사장의
직분을 보여주셨다.

- 마틴 루터

아들을 낳으리니 이름을 예수라 하라. 이는 그가 자기 백성을 저희 죄에서 구원할 자이심이라 하니라
(마태복음 1:21)

오늘날 다윗의 동네에 너희를 위하여 구주가 나셨으니 곧 그리스도 주시니라
(누가복음 2:11)

예수께서 또 일러 가라사대 나는 세상의 빛이니 나를 따르는 자는 어두움에 다니지 아니하고 생명의 빛을 얻으리라
(요한복음 8:12)

나는 선한 목자라. 선한 목자는 양들을 위하여 목숨을 버리거니와
(요한복음 10:11)

예수께서 가라사대 나는 부활이요 생명이니 나를 믿는 자는 죽어도 살겠고
(요한복음 11:25)

예수께서 가라사대 내가 곧

예수, 오 그 이름 나는 말할 수 없네, 그 이름 속에 있는 비밀을, 그 이름 속에 있는 사랑을… 이 찬송을 부를 때마다 밀려오는 그 감격을, 그 감사를 억누를 수 없습니다. 그러나 그 이름을 너무 많은 사람들이 건축자의 버린 돌처럼 버렸습니다. 그 이름의 영광을, 그 이름의 존귀함을 알지 못했습니다. 그러나 우리는 그 예수님에 대하여 무엇을 얼마나 알고 있는지…

길이요 진리요 생명이니 나로 말미암지 않고는 아버지께로 올 자가 없느니라
(요한복음 14:6)

하나님은 한 분이시요 또 하나님과 사람 사이에 중보도 한 분이시니 곧 사람이신 그리스도 예수라
(디모데전서 2:5)

기쁨

기쁨이란
하나님께서
자신의 모든 영역을
철두철미하게
통제하고 있다는
깊은
확신의 표현이다.

주께서 생명의 길로 내게
보이시리니 주의 앞에는 기쁨이
충만하고 주의 우편에는 영원한
즐거움이 있나이다
(시편 16:11)

내 영혼이 여호와를 즐거워함이여
그 구원을 기뻐하리로다
(시편 35:9)

즐거운 소리를 아는 백성은
유복한 자라. 여호와여 저희가
주의 얼굴빛에 다니며
종일 주의 이름으로 기뻐하며
주의 의로 인하여 높아지오니
(시편 89:15-16)

주께서 생명의 길로 내게
보이셨으니 주의 앞에서 나로
기쁨이 충만하게 하시리로다
하였으니
(사도행전 2:28)

항상 기뻐하라
(데살로니가전서 5:16)

　　진실한 기쁨은 분위기나 변덕
스런 감정이나 경험에서 나오는
것이 아니라 하나님의 생명에
뿌리를 둔 선함과 사랑의 강물
입니다. 그렇습니다. 기쁨은 강
물입니다. 흐르고 흘려도 다함이
없는 기쁨입니다. 그리고 마음의
즐거움은 얼굴을 변화시킵니다.
그리고 다른 이에게 기쁨을 주
면 그것이 공처럼 되돌아옵니다.

하나님의 나라는 먹는 것과
마시는 것이 아니요 오직 성령
안에서 의와 평강과 희락이라
(로마서 14:17)

주 안에서 항상 기뻐하라.
내가 다시 말하노니 기뻐하라
(빌립보서 4:4)

나는 여호와를 인하여 즐거워
하며 나의 구원의 하나님을
인하여 기뻐하리로다
(하박국 3:18)

나의 인도자

너를
인도하는 자를
존중히 여기라.
그로부터
많은 것을
얻을 것이라.

여호와께서 사람의 걸음을
정하시고 그 길을 기뻐하시나니
(시편 37:23)

너희의 비판하는 그 비판으로
너희가 비판을 받을 것이요.
너희의 헤아리는 그 헤아림으로
너희가 헤아림을 받을 것이니라
(마태복음 7:2)

무릇 하나님의 영으로 인도함을
받는 그들은 곧 하나님의
아들이라
(로마서 8:14)

또 네가 많은 증인 앞에서 내게
들은 바를 충성된 사람들에게
부탁하라. 저희가 또 다른
사람들을 가르칠 수 있으리라
(디모데후서 2:2)

잘 다스리는 장로들을 배나
존경할 자로 알되 말씀과
가르침에 수고하는 이들을 더할
것이니라. 성경에 일렀으되
곡식을 밟아 떠는 소의 입에 망을

인도자를 비판하기는 쉬워도 인도자처럼 될 수는 없습니다. 이런 사람은 그 어느 누구에게도 배울 수 없는 불행한 사람들입니다. 남들에게서 배우지 못하는 사람들처럼 바보는 없습니다. 하나님이 우리에게 많은 스승을 주셨음을 기억해야 합니다. 그리고 그 배움은 우리의 인생에 꼭 필요한 부분임을 고백하게 됩니다.

씌우지 말라 하였고 또 일꾼이 그 삯을 받는 것이 마땅하다 하였느니라. 장로에 대한 송사는 두세 증인이 없으면 받지 말것이요 범죄한 자들을 모든 사람 앞에 꾸짖어 나머지 사람으로 두려워 하게 하라 (디모데전서 5:17-20)

외로움

많은 그리스도인이
외로워하는 이유는
그들이
섬김에
열중하지 못하고
가만히
앉아 있기
때문이다.

내가 너와 함께 있어 네가 어디로
가든지 너를 지키며 너를 이끌어
이 땅으로 돌아오게 할지라. 내가
네게 허락한 것을 다 이루기까지
너를 떠나지 아니하리라 하신지라
(창세기 28:15)

여호와 그가 네 앞서 행하시며
너와 함께 하사 너를 떠나지
아니하시며 버리지 아니하시리니
너는 두려워 말라 놀라지 말라
(신명기 31:8)

내가 사망의 음침한 골짜기로
다닐지라도 해를 두려워하지 않을
것은 주께서 나와 함께 하심이라.
주의 지팡이와 막대기가 나를
안위하시나이다
(시편 23:4)

내 부모는 나를 버렸으나
여호와는 나를 영접하시리이다
(시편 27:10)

내가 너희를 고아와 같이
버려두지 아니하고 너희에게로

"외로움은 마귀의 놀이터다"라
는 말을 들어본 적이 있는지요?
저는 이 말이 참 의미있다고 생
각합니다. 비록 외로움은 인간
실체의 현주소라고들 말하지만
분명히 그리스도인들에게는 어
울리지 않는 중상입니다.

오리라
(요한복음 14:18)

돈을 사랑치 말고 있는 바를 족한
줄로 알라. 그가 친히
말씀하시기를 내가 과연 너희를
버리지 아니하고 과연 너희를
떠나지 아니하리라 하셨느니라
(히브리서 13:5)

너희 염려를 다 주께 맡겨 버리라.
이는 저가 너희를 권고하심이니라
(베드로전서 5:7)

사 랑

사랑은 물처럼 흐르는
곳마다 부드럽게 하고
정화작용을 한다.
사랑은 하나님의
정원에 핀 가장
아름답고 화려한
꽃이다. 사랑은 생애의
불이다. 태우든지
아니면 정제해 준다.
사랑에는 지루함이나
심심함이 없다. 쪼개서
확대되는 것은
사랑밖에 없다. 사랑은
돈주고 살 수 없고
힘으로도 강요 못한다.
사랑은 세상의 가장
신비한 에너지이다.

새 계명을 너희에게 주노니 서로
사랑하라. 내가 너희를 사랑한
것같이 너희도 서로 사랑하라.
너희가 서로 사랑하면 이로써
모든 사람이 너희가 내 제자인 줄
알리라
(요한복음 13:34-35)

이는 너희가 나를 사랑하고 또
나를 하나님께로서 온 줄 믿은
고로 아버지께서 친히 너희를
사랑하심이니라
(요한복음 16:27)

우리가 서로 사랑할지니 이는
너희가 처음부터 들은 소식이라
(요한일서 3:11)

사랑하는 자들아 우리가 서로
사랑하자. 사랑은 하나님께 속한
것이니 사랑하는 자마다
하나님께로 나서 하나님을 알고
(요한일서 4:7)

사랑은 여기 있으니 우리가
하나님을 사랑한 것이 아니요

　사랑은 우리의 생을 윤택하게 해줍니다 그러나 돈을 주고 살 수는 없습니다. 사람들은 '사랑' 이라는 주제를 놓고 시를 쓰고, 영화를 만들고, 노래를 만들어 부르기도 합니다. 하지만 진실한 사랑은 깨닫지 못합니다. 진실한 사랑은 하나님께 속한 것입니다. 그 사랑만이 우리를 온전케 합니다.

오직 하나님이 우리를 사랑하사 우리 죄를 위하여 화목제로 그 아들을 보내셨음이니라
(요한일서 4:10)

이 사랑은 많은 물이 꺼치지 못하겠고 홍수라도 엄몰하지 못하나니 사람이 그 온 가산을 다 주고 사랑과 바꾸려 할지라도 오히려 멸시를 받으리라
(아가 8:7)

거짓말

사람이 자기 스스로에
대한 의무를 헐고
짓밟는 데 있어서
거짓말보다 더 큰
것은 없을 것이다.
거짓말은 자기 스스로
인간으로서의
존엄성을 파괴하는
일이요, 또 부정하는
일이다.

-칸트

내가 허탄한 거짓을 숭상하는
자를 미워하고 여호와를
의지하나이다
(시편 31:6)

진실한 입술은 영원히
보존되거니와 거짓 혀는 눈
깜짝일 동안만 있을 뿐이니라
(잠언 12:19)

나를 인하여 너희를 욕하고
핍박하고 거짓으로 너희를 거스려
모든 악한 말을 할 때에는
너희에게 복이 있나니
(마태복음 5:11)

그런즉 거짓을 버리고 각각 그
이웃으로 더불어 참된 것을
말하라. 이는 우리가 서로 지체가
됨이니라
(에베소서 4:25)

원수 갚는 것이 내게 있으니 내가
갚으리라 하시고 또 다시 주께서
그의 백성을 심판하리라 말씀하신
것을 우리가 아노니

거짓말은 자신이 피해를 당하지 않으려는 마음 속에서 시작됩니다. 즉 공의를 부정하는 행위가 거짓말입니다. 만약 진실을 이야기하면 자신에게 손해가 돌아온다는 생각을 합니다. 그러나 차라리 진실을 말하는 용기가 있어야 합니다. 왜냐하면 진실은 결국 존중받고 보상받기 때문입니다.

(히브리서 10:30)

그러나 두려워하는 자들과 믿지 아니하는 자들과 흉악한 자들과 살인자들과 행음자들과 술객들과 우상 숭배자들과 모든 거짓말 하는 자들은 불과 유황으로 타는 못에 참여 하리니 이것이 둘째 사망이라

(요한계시록 21:8)

성실한 봉사자

**마귀가
가장 무서워하는 것은
주의 몸을
섬기는 것이다.**

그가 혹은 사도로, 혹은 선지자로,
혹은 복음 전하는 자로, 혹은
목사와 교사로 주셨으니
이는 성도를 온전케 하며 봉사의
일을 하게 하며 그리스도의 몸을
세우려 하심이라
(에베소서 4:11-12)

네가 진리의 말씀을 옳게
분변하며 부끄러울 것이 없는
일꾼으로 인정된 자로 자신을
하나님 앞에 드리기를 힘쓰라
(디모데후서 2:15)

이는 네 속에 거짓이 없는 믿음을
생각함이라. 이 믿음은 먼저 네
외조모 로이스와 네 어머니
유니게 속에 있더니 네 속에도
있는 줄을 확신하노라.
그러므로 내가 나의 안수함으로
네 속에 있는 하나님의 은사를
다시 붙일듯 하게 하기 위하여
너로 생각하게 하노니
(디모데후서 1:5-6)

모세가 눈의 아들 여호수아에게

　우리가 봉사할 때 우리의 마음을 사로잡는 것은 잘해야 하겠다는 다짐입니다. 그러나 그런 다짐보다 더 중요한 것이 있습니다. 그것은 하나님이 나를 봉사자로 세웠다는 것이며 나의 일이 아니라 하나님의 일을 한다는 고백입니다. 그렇습니다. 봉사에서 제일 중요한 단어는 열심이 아니라 누구의 일인가를 아는 것입니다.

안수하였으므로 그에게 지혜의 신이 충만하니 이스라엘 자손이 여호와께서 모세에게 명하신 대로 여호수아의 말을 순종하였더라 (신명기 34:9)

성실한 봉사자

기 적

기적은
그것을
필요로 하는
삶에게만
나타난다.

구하라 그러면 너희에게 주실
것이요. 찾으라 그러면 찾을
것이요. 문을 두드리라 그러면
너희에게 열릴 것이니
(마태복음 7:7)

하나님이 나사렛 예수에게 성령과
능력을 기름붓듯 하셨으매 저가
두루 다니시며 착한 일을
행하시고 마귀에게 눌린 모든
자를 고치셨으니 이는 하나님이
함께 하셨음이라
(사도행전 10:38)

내가 진실로 너희에게 이르노니
누구든지 이 산더러 들리어
바다에 던지우라 하며 그 말하는
것이 이룰 줄 믿고 마음에 의심치
아니하면 그대로 되리라.
그러므로 내가 너희에게 말하노니
무엇이든지 기도하고 구하는 것은
받은 줄로 믿으라. 그리하면
너희에게 그대로 되리라
(마가복음 11:23-24)

슬프도소이다 주 여호와여 주께서

   우리는 거의 기적이 볼필요한
것처럼 보이는 시대에 살고 있
습니다. 그러나 오늘날도 여전히
하나님의 기적이 없이는 살 수
없는 사람들이 있습니다. 그들은
성도라고 일컬어지는 사람들입
니다. 그들에게는 사랑의 기적이
필요하며 그 붉은 죄악이 사함
받기 위해 하나님의 기적이 필
요합니다. 성도의 삶은 기적의
연속이어야 합니다.

큰 능과 드신 팔로 천지를
지으셨사오니 주에게는 능치 못한
일이 없으시니이다
(예레미야 32:17)

예수께서 머물러 서서 명하여
데려오라 하셨더니 저가 가까이
오매 물어 가라사대
네게 무엇을 하여 주기를
원하느냐. 가로되 주여 보기를
원하나이다.
예수께서 저에게 이르시되 보아라
네 믿음이 너를 구원하였느니라
하시매
곧 보게 되어 하나님께 영광을
돌리며 예수를 좇으니 백성이 다
이를 보고 하나님을 찬양하니라
(누가복음 18:40-43)

동 기

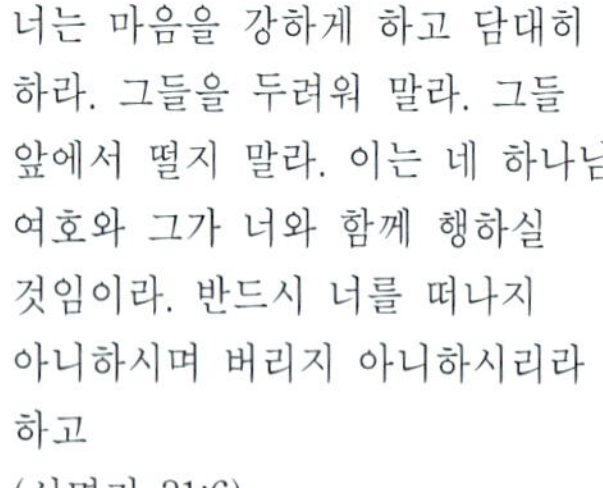

동기가 결백하다면
두려울 것이 없다.

－톨스토이

너는 마음을 강하게 하고 담대히
하라. 그들을 두려워 말라. 그들
앞에서 떨지 말라. 이는 네 하나님
여호와 그가 너와 함께 행하실
것임이라. 반드시 너를 떠나지
아니하시며 버리지 아니하시리라
하고
(신명기 31:6)

내가 네게 명한 것이 아니냐.
마음을 강하게 하고 담대히 하라.
두려워 말며 놀라지 말라. 네가
어디로 가든지 네 하나님
여호와가 너와 함께 하느니라
하시니라
(여호수아 1:9)

대답하되 두려워하지 말라. 우리와
함께한 자가 저와 함께한 자보다
많으니라 하고
(열왕기하 6:16)

내게 능력 주시는 자 안에서 내가
모든 것을 할 수 있느니라
(빌립보서 4:13)

어떤 일의 동기가 남을 미워하지 않고, 남을 부려워하지 않고, 남을 해치지 않으며, 또 명예나 이익을 쫓는 것이 아니라면, 즉 동기가 결백하다면 두려울 것이 없습니다. 올바른 동기에서 출발만 했다면 남에게 메뚜기 모양으로 살육을 당하든, 모욕을 받든간에 상관없습니다. 우리에게 바른 동기가 없을 때 우리는 불안에 떨고 주저하고 괴로워 합니다.

우리가 주를 의지하여 우리
대적을 누르고 우리를 치려
일어나는 자를 주의
이름으로 밟으리이다
(시편 44:5)

오직 나는 여호와를 우러러보며
나를 구원하시는 하나님을
바라보나니 나의 하나님이 나를
들으시리로다. 나의 대적이여 나로
인하여 기뻐하지 말지어다. 나는
엎드러질지라도 일어날 것이요
어두운 데 앉을지라도 여호와께서
나의 빛이 되실 것임이로다
(미가 7:7-8)

순종

세계가 다 내게 속하였나니
너희가 내 말을 잘 듣고 내
언약을 지키면 너희는 열국
중에서 내 소유가 되겠고
(출애굽기 19:5)

네가 그 목소리를 잘 청종하고
나의 모든 말대로 행하면 내가 네
원수에게 원수가 되고 네
대적에게 대적이 될지라. 나의
사자가 네 앞서 가서 너를 아모리
사람과 헷 사람과 브리스 사람과
가나안 사람과 히위 사람과
여부스 사람에게로 인도하고 나는
그들을 끊으리니
(출애굽기 23:22-23)

너희가 즐겨 순종하면 땅의
아름다운 소산을 먹을 것이요
(이사야 1:19)

우리가 당신을 우리 하나님
여호와께 보냄은 그의 목소리가
우리에게 좋고 좋지 아니함을
물론하고 청종하려 함이라.
우리가 우리 하나님 여호와의

　　하나님은 우리의 성공을 원하
시는 것이 아니라 우리 자체를
원하십니다. 또한 우리가 성취할
것을 요구하지 않고 우리가 순
종할 것을 요구하십니다. 그러나
이 사실을 아는 사람은 별로 많
지 않습니다. 순종보다 능률이
오히려 더 큰 업적처럼 보이는
시대에 살고 있습니다. 순종보다
도 능률을 좇기에 오늘날 많은
그리스도인들이 쉼이 없이 평안
도 없이 살고 있습니다.

목소리를 청종하면 우리에게 복이
있으리이다
(예레미야 42:6)

한 사람의 순종치 아니함으로
많은 사람이 죄인 된 것같이 한
사람의 순종하심으로 많은 사람이
의인이 되리라
(로마서 5:19)

모든 이론을 파하며 하나님 아는
것을 대적하여 높아진 것을 다
파하고 모든 생각을 사로잡아
그리스도에게 복종케 하니
(고린도후서 10:5)

행악자

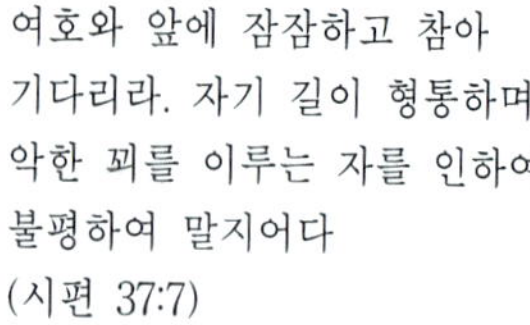

행악자에 대한 반대는
그를 분노하게 할 뿐
결코 바꾸어 놓지는
못한다.

－실러

여호와 앞에 잠잠하고 참아
기다리라. 자기 길이 형통하며
악한 꾀를 이루는 자를 인하여
불평하여 말지어다
(시편 37:7)

내가 환난 중에 여호와께
부르짖었더니 내게 응답하셨도다.
여호와여 거짓된 입술과 궤사한
혀에서 내 생명을 건지소서
(시편 120:1-2)

무릇 너를 치려고 제조된 기계가
날카롭지 못할 것이라.
무릇 일어나 너를 대적하여
송사하는 혀는
네게 정죄를 당하리니
이는 여호와의 종들의 기업이요
이는 그들이 내게서 얻은 의니라.
여호와의 말이니라
(이사야 54:17)

너희 염려를 다 주께 맡겨 버리라.
이는 저가 너희를 권고하심이니라
(베드로전서 5:7)

　　행악자를 볼 때마다 우리의 마음에 가득차는 것은 분노입니다. 그리고 그런 행악자를 비판하는 것은 당연하다고 생각합니다. 그러나 성경은 행악자를 불평하지 말라고 기록하고 있습니다. 물론 하나님이 행악자를 용서하겠다는 것이 아닙니다. 다만 우리의 영혼이 행악자로 인하여 증오심이 일어나서 범죄하는 것을 경고하는 것입니다.

서방에서 여호와의 이름을
두려워하겠고 해돋는 편에서
그의 영광을 두려워 할 것은
여호와께서 그 기운에 몰려
급히 흐르는 하수 같이 오실
것임이로다
(이사야 59:19)

또 너희가 열심으로 선을 행하면
누가 너희를 해하리요
(베드로전서 3:13)

극복

자기 자신을 극복하는
것은 최대의 승리이다.
자기와 싸우기 시작할
때 비로소 가치있는
생활이 시작되는
것이다.

악에게 지지 말고
선으로 악을 이기라
(로마서 12:21)

아비들아 내가 너희에게 쓰는
것은 너희가 태초부터 계신 이를
앎이요. 청년들아 내가 너희에게
쓰는 것은 너희가 악한 자를 이
기었음이니라
(요한일서 2:13)

자녀들아 너희는 하나님께
속하였고 또 저희를 이기었나니
이는 너희 안에 계신 이가 세상에
있는 이보다 크심이라
(요한일서 4:4)

귀 있는 자는 성령이 교회들에게
하시는 말씀을 들을지어다. 이기는
그에게는 내가 하나님의 낙원에
있는 생명나무의 과실을 주어
먹게 하리라
(요한계시록 2:7)

이기는 그에게는 내가 내 보좌에
함께 앉게 하여 주기를 내가

이기고 아버지 보좌에 함께 앉은 것과 같이 하리라
(요한계시록 3:21)

이기는 자는 이것들을 유업으로 얻으리라. 나는 저의 하나님이 되고 그는 내 아들이 되리라
(요한계시록 21:7)

극 복

곤고한 날

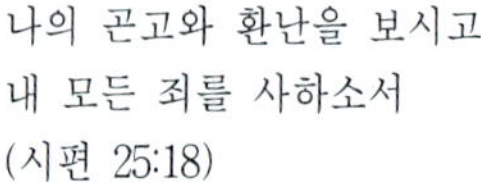

인생에 있어
여러 가지
곤고를 벗어나는
가장 좋은 방법은
자기의 이익을
따지지 않고
오직
하나님의 뜻을
믿는 것이다.

나의 곤고와 환난을 보시고
내 모든 죄를 사하소서
(시편 25:18)

의인은 고난이 많으나 여호와께서
그 모든 고난에서 건지시는도다
(시편 34:19)

사람의 압박에서 나를 구속하소서.
그리하시면 내가 주의 법도를
지키리이다
(시편 119:134)

상심한 자를 고치시며
저희 상처를 싸매시는도다
(시편 147:3)

혹이 그에게 묻기를 네 두 팔
사이에 상처는 어찜이냐 하면
대답하기를 이는 나의 친구의
집에서 받은 상처라 하리라
(스가랴 13:6)

모든 눈물을 그 눈에서 씻기시매
다시 사망이 없고 애통하는
곡하는 것이나 아픈 것이 다시

우리를 곤란 중에서 건지시는 분은 하나님이십니다. 우리는 이 사실을 잘 알고 있기에 고요할 수 있습니다. 그래서 우리는 곤고한 날엔 오직 하나님만 생각하게 됩니다. 철저한 실패, 실연, 질병과 죽음이라는 것들이 우리 주위를 맴돌 때 오직 하나님만 바라봅니다.

인 내

생애의 성취를 달라고
기도하지 말고 굴욕을
수용하는 인내를
달라고 기도하라.

여호와 앞에 잠잠하고 참아
기다리라. 자기 길이 형통하며
악한 꾀를 이루는 자를 인하여
불평하여 말지어다
(시편 37:7)

내가 여호와를 기다리고
기다렸더니 귀를 기울이사 나의
부르짖음을 들으셨도다
(시편 40:1)

다만 이뿐 아니라 우리가
환난중에도 즐거워하나니 이는
환난은 인내를,
인내는 연단을, 연단은 소망을
이루는 줄 앎이로다.
소망이 부끄럽게 아니함은
우리에게 주신 성령으로 말미암아
하나님의 사랑이 우리 마음에
부은바 됨이니
(로마서 5:3-5)

소망 중에 즐거워하며 환난 중에
참으며 기도에 항상 힘쓰며
(로마서 12:12)

때때로 하나님은 그의 자녀들
로부터 오직 기다림과 인내와
눈물만을 요구하시는 때가 있습
니다. 그러나 인내로 기다림이
하나님의 뜻을 수행하는 가장
고상한 길입니다. 농부에게 약속
된 놀라운 축복의 수확도 기다
림이 없이는 아무것도 얻을 수
없습니다. 아무리 많은 땀을 뿌
리고 아무리 소중한 그 무엇을
투자하였을지라도 인내가 없이
는 아무것도 아닙니다.

우리가 선을 행하되 낙심하지
말지니 피곤하지 아니하면 때가
이르매 거두리라
(갈라디아서 6:9)

이는 너희 믿음의 시련이 인내를
만들어 내는 줄 너희가 앎이라.
인내를 온전히 이루라. 이는
너희로 온전하고 구비하여 조금도
부족함이 없게 하려 함이라
(야고보서 1:3-4)

평화

**칭찬이나 비난에
집착치 않는 자는
위대한 평온을 누릴
수 있다.**

내가 평안히 눕고 자기도 하리니
나를 안전히 거하게 하시는 이는
오직 여호와시니이다
(시편 4:8)

주의 법을 사랑하는 자에게는 큰
평안이 있으니 저희에게 장애물이
없으리이다
(시편 119:165)

주께서 심지가 견고한 자를
평강에 평강으로 지키시리니 이는
그가 주를 의뢰함이니이다
(이사야 26:3)

여호와여 주께서 우리를 위하여
평강을 베푸시오리니 주께서 우리
모든 일을 우리를 위하여
이루심이니이다
(이사야 26:12)

오직 성령의 열매는 사랑과
희락과 화평과 오래 참음과
자비와 양선과 충성과
(갈라디아서 5:22)

  평화란 외적 요건에 달려있는
것이 아니요, 내부의 영혼이 견
고히 자리잡은 것입니다. 고통으
로부터의 면제가 아니라 친밀에
서 오는 안위입니다. 그리고 이
평화는 자기 혼자의 힘으로 지
킬 수 없습니다. 주위 사람들이
우리의 평화를 깨기 시작하면
우리의 평화는 지켜질 수 없기
때문입니다. 그래서 우리는 주위
사람들의 평화를 지키려고 노력
하는 것입니다.

평안을 너희에게 끼치노니 곧
나의 평안을 너희에게 주노라.
내가 너희에게 주는 것은 세상이
주는 것 같지 아니하니라.
너희는 마음에 근심도 말고
두려워하지도 말라
(요한복음 14:27)

육신의 생각은 사망이요 영의
생각은 생명과 평안이니라
(로마서 8:6)

화평케 하는 자들은 화평으로
심어 의의 열매를 거두느니라
(야고보서 3:18)

주위의 유혹

**가장 가까운 곳에
가장 무서운 적이
있다.**

네 동복 형제나 네 자녀나 네
품의 아내나 너와 생명을 함께
하는 친구가 가만히 너를 꾀어
이르기를 너와 네 열조가 알지
못하던 다른 신들
(신명기 13:6)

너는 그를 좇지 말며 듣지 말며
긍휼히 보지 말며 애석히 여기지
말며 덮어 숨기지 말고
(신명기 13:8)

내 아들아 악한 자가 너를
꾈지라도 좇지 말라. 그들이 네게
말하기를 우리와 함께 가자
우리가 가만히 엎드렸다가 사람의
피를 흘리자 죄없는 자를
까닭없이 숨어 기다리다가
음부 같이 그들을 산 채로 삼키며
무덤에 내려가는 자 같게 통으로
삼키자. 우리가 온갖 보화를
얻으며 빼앗은 것으로 우리 집에
채우리니 너는 우리와 함께
제비를 뽑고 우리가 함께 전대
하나만 두자 할지라도 내 아들아
그들과 함께 길에 다니지 말라.

  유혹은 항상 가까운 데 있습니
다. 그리고 사탄은 항상 우리 주
위의 사람들을 이용하여 우리를
공격한다는 것을 알고 있어야
합니다. 처음에 사탄은 아담을
공격하기 위해 그의 사랑하는
아내 하와를 이용한 적이 있습
니다. 아마 아담은 뱀이 직접 다
가오지 않고 하와가 다가왔으므
로 방심했을 것입니다.

네 발을 금하여 그 길을 밟지 말라
(잠언 1:10-15)

우리에게 있는 대제사장은 우리
연약함을 체휼하지 아니하는 자가
아니요 모든 일에 우리와
한결같이 시험을 받은 자로되
죄는 없으시니라. 그러므로 우리가
긍휼하심을 받고 때를 따라 돕는
은혜를 얻기 위하여 은혜의 보좌
앞에 담대히 나아갈 것이니라
(히브리서 4:15-16)

계 획

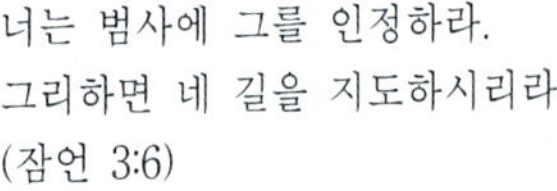

계획은
일을 행하는 데 있어
근본적인 요소이다.
그것은
많은 일을
원만히
성취게 한다.

- 스마일즈

너는 범사에 그를 인정하라.
그리하면 네 길을 지도하시리라
(잠언 3:6)

의논이 없으면 경영이 파하고
모사가 많으면 경영이
성립하느니라
(잠언 15:22)

마음의 경영은 사람에게 있어도
말의 응답은 여호와께로서
나느니라
(잠언 16:1)

사람이 마음으로 자기의 길을
계획할지라도 그 걸음을 인도하는
자는 여호와시니라
(잠언 16:9)

사람의 마음에는 많은 계획이
있어도 오직 여호와의 뜻이
완전히 서리라
(잠언 19:21)

부지런한 자의 경영은 풍부함에
이를 것이나 조급한 자는

　　계획은 치밀해야 합니다. 그러
나 그 계획의 성취는 하나님께
달려 있습니다. 그런데 참 이상
한 일들이 일어납니다. 많은 계
획을 가진 사람일수록 하나님으
로부터 점점 멀어져 간다는 것
입니다. 우리는 이것이 아이러니
라는 것을 알면서도 마치 딜레
마처럼 빠져 나오지를 못하고
있습니다.

궁핍함에 이를 따름이니라
(잠언 21:5)

고명한 자는 고명한 일을
도모하나니 그는 항상 고명한
일에 서리라
(이사야 32:8)

나 여호와가 말하노라. 너희를
향한 나의 생각은 내가 아나니
재앙이 아니라 곧 평안이요 너희
장래에 소망을 주려 하는 생각이라
(예레미야 29:11)

계 획

141

기 도

하나님이
살아 계심을
자신있게
말할 수 있는 이유는
매일 아침마다
그가
나와 이야기하기
때문이다.

여호와와 그 능력을 구할지어다.
그 얼굴을 항상 구할지어다
(역대상 16:11)

내 이름으로 일컫는 내 백성이
그 악한 길에서 떠나 스스로
겸비하고 기도하여 내 얼굴을
구하면 내가 하늘에서 듣고 그
죄를 사하고 그 땅을 고칠지라
(역대하 7:14)

시험에 들지 않게 깨어 있어
기도하라. 마음에는 원이로되
육신이 약하도다 하시고
(마태복음 26:41)

기도를 항상 힘쓰고 기도에
감사함으로 깨어 있으라
(골로새서 4:2)

쉬지 말고 기도하라
(데살로니가전서 5:17)

이러므로 너희 죄를 서로 고하며
병 낫기를 위하여 서로 기도하라.
의인의 간구는 역사하는 힘이

　　기도 없이 사는 것은 가장 저
주스러운 일이요 말할 수 없이
어리석은 것입니다. 기도란 심령
의 가장 큰 에너지입니다. 진실
한 기도는 즉흥적 충동에서 얻
을 수 없고 생애의 자세로부터
얻어집니다.

많으니라
(야고보서 5:16)

사랑하는 자들아 너희는 너희의
지극히 거룩한 믿음 위에 자기를
건축하며 성령으로 기도하며
(유다서 1:20)

문제해결

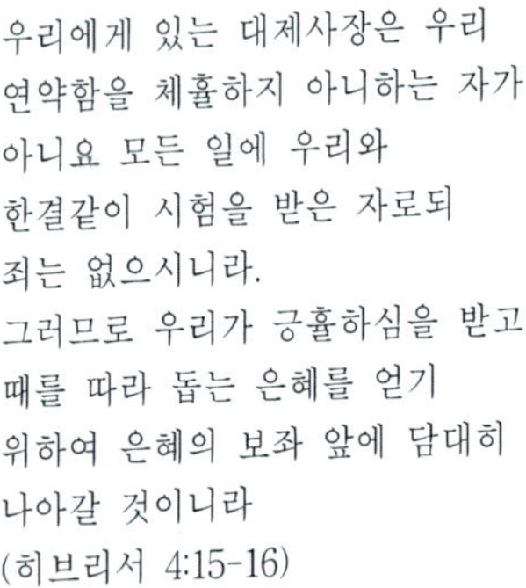

문제가 있는 곳에는
하나님의 도움과
하나님의 은혜가
함께 있다.

우리에게 있는 대제사장은 우리
연약함을 체휼하지 아니하는 자가
아니요 모든 일에 우리와
한결같이 시험을 받은 자로되
죄는 없으시니라.
그러므로 우리가 긍휼하심을 받고
때를 따라 돕는 은혜를 얻기
위하여 은혜의 보좌 앞에 담대히
나아갈 것이니라
(히브리서 4:15-16)

삼가 말씀에 주의하는 자는 좋은
것을 얻나니 여호와를 의지하는
자가 복이 있느니라
(잠언 16:20)

너희 중에 누가 망대를 세우고자
할진대 자기의 가진 것이
준공하기까지에 족할는지 먼저
앉아 그 비용을 예산하지
아니하겠느냐
(누가복음 14:28)

의논이 없으면 경영이 파하고
모사가 많으면 경영이
성립하느니라

(잠언 15:22)

우리가 무엇이든지 구하는 바를
들으시는 줄을 안즉 우리가
그에게 구한 그것을 얻은 줄을
또한 아느니라

(요한일서 5:15)

문제를 보는 사람은 하나님을
적게 보는 사람입니다. 그러나
문제를 적게 보는 사람은 하나
님을 보는 사람입니다. 어떤 문
제든 하나님과 관계 있다는 것
을 늘 생각해야 합니다. 만약 이
런 고백이 없다면 결코 하나님
은 그 문제에 개입하지 않을 것
입니다.

인간의 노력

> 인간의 노력은
> 하나님의 은혜의
> 산물이다.

여호와께서 집을 세우지
아니하시면 세우는 자의 수고가
헛되며 여호와께서 성을 지키지
아니하시면 파수꾼의 경성함이
허사로다
(시편 127:1)

지혜있는 자는 듣고 학식이 더할
것이요 명철한 자는 모략을 얻을
것이라
(잠언 1:5)

더러는 좋은 땅에 떨어지매 자라
무성하여 결실하였으니 삼십배와
육십배와 백배가 되었느니라
하시고
(마가복음 4:8)

내가 진실로 진실로 너희에게
이르노니 한 알의 밀이 땅에
떨어져 죽지 아니하면 한 알
그대로 있고 죽으면 많은 열매를
맺느니라
(요한복음 12:24)

나는 포도나무요 너희는 가지니

우리는 우리가 행하는 노력에
자부심을 갖습니다. 그것은 우리
의 땀이 고결해서도 아니고 우
리의 재능이 탁월해서도 아닙니
다. 다만 우리가 우리의 노력에
기대하고 찬사를 보내는 것은
그것이 하나님의 은혜의 결과이
기 때문입니다.

저가 내 안에, 내가 저 안에
있으면 이 사람은 과실을 많이
맺나니 나를 떠나서는 너희가
아무 것도 할 수 없음이라
(요한복음 15:5)

너희가 과실을 많이 맺으면 내
아버지께서 영광을 받으실 것이요
너희가 내 제자가 되리라
(요한복음 15:8)

주께 합당히 행하여 범사에
기쁘시게 하고 모든 선한 일에
열매를 맺게 하시며 하나님을
아는 것에 자라게 하시고
(골로새서 1:10)

전 진

**항상 전진하라.
그러면 그곳에
하나님이 계신다.**

대저 높이는 일이 동에서나
서에서 말미암지 아니하며
남에서도 말미암지 아니하고
오직 재판장이신 하나님이 이를
낮추시고 저를 높이시느니라
(시편 75:6-7)

지혜로운 자는 영광을 기업으로
받거니와 미련한 자의 현달함은
욕이 되느니라
(잠언 3:35)

지혜가 제일이니 지혜를 얻으라.
무릇 너의 얻은 것을 가져 명철을
얻을지니라.
그를 높이라 그리하면 그가 너를
높이 들리라. 만일 그를 품으면
그가 너를 영화롭게 하리라.
그가 아름다운 관을 네 머리에
두겠고 영화로운 면류관을 네게
주리라 하였느니라
(잠언 4:7-9)

여호와여 내가 알거니와 인생의
길이 자기에게 있지 아니하니
걸음을 지도함이 걷는 자에게

  결코 멈추거나, 물러설 생각을
하지 마십시오. 설령 멈추거나
물러서는 일이 없을 수 없으나
그렇게 되는 것을 생각하지 마
십시오. 전진을 위해 그릇된 길
을 사용하지 마십시오. 멈추는
것은 결국 후퇴하는 것임을 잊
지 마십시오. 그리고 현재에 만
족하지 마십시오. 왜냐하면 전진
을 포기할 수도 있기 때문입니
다.

있지 아니하니이다
(예레미야 10:23)

푯대를 향하여 그리스도 예수
안에서 하나님이 위에서 부르신
부름의 상을 위하여 좇아가노라
(빌립보서 3:14)

번 영

**부귀 번영을 이룩하는
가장 좋은 방법은
절제하며
필요한 곳에
사용하는 데 있다.**

복있는 사람은 악인의 꾀를 좇지
아니하며 죄인의 길에 서지
아니하며 오만한 자의 자리에
앉지 아니하고 오직 여호와의
율법을 즐거워하여 그 율법을
주야로 묵상하는 자로다. 저는
시냇가에 심은 나무가 시절을
좇아 과실을 맺으며 그 잎사귀가
마르지 아니함 같으니 그 행사가
다 형통하리로다
(시편 1:1-3)

만일 그들이 청종하여 섬기면
형통히 날을 보내며 즐거이 해를
지낼 것이요
(욥기 36:11)

나의 의를 즐거워하는 자로
기꺼이 부르고 즐겁게 하시며 그
종의 형통을 기뻐하시는 여호와는
광대하시다 하는 말을 저희로
항상 하게 하소서
(시편 35:27)

사랑하는 자여 네 영혼이
잘됨같이 네가 범사에 잘 되고

번영하는 것은 참으로 쉬운 일
이 아닙니다. 그러나 그 번영을
오래동안 유지하는 것은 더욱
힘듭니다. 우리가 성경을 볼 때
마다 참 놀랄 만한 것이 한 가
지 있습니다. 그것은 상당한 신
앙을 가진 인물들임에도 불구하
고 그들의 번영이 길지 않았다
는 점입니다. 이 점이 우리를 경
성하게 합니다. 번영의 시기가
지나고 일단 쇠퇴기에 들어설
때는 거의 모든 사람들이 그 거
센 파고를 피할 수가 없었습니
다.

강건하기를 내가 간구하노라
(요한삼서 1:2)

너희의 하나님 여호와께서
너희에게 명하신 명령과 증거하신
것과 규례를 삼가 지키며
여호와의 보시기에 정직하고
선량한 일을 행하라. 그리하면
네가 복을 얻고 여호와께서 네
열조에게 맹세하사 네 대적을
몰수히 네 앞에서 쫓아내리라
하신 아름다운 땅을 들어가서
얻으리니 여호와의 말씀과
같으리라
(신명기 6:17-18)

번영

151

보호

**내일을
두려워 하지 말라.
하나님이 이미
거기 계신다.**

내가 사망의 음침한 골짜기로
다닐지라도 해를 두려워하지 않을
것은 주께서 나와 함께 하심이라.
주의 지팡이와 막대기가 나를
안위하시나이다. 주께서 내 원수의
목전에서 내게 상을 베푸시고
기름으로 내 머리에 바르셨으니
내 잔이 넘치나이다
(시편 23:4-5)

지존자의 은밀한 곳에 거하는
자는 전능하신 자의 그늘 아래
거하리로다
(시편 91:1)

저가 너를 그 깃으로 덮으시리니
네가 그 날개 아래 피하리로다.
그의 진실함은 방패와 손 방패가
되나니 너는 밤에 놀램과 낮에
흐르는 살과 흑암 중에 행하는
염병과 백주에 황폐케 하는
파멸을 두려워 아니하리로다.
천인이 네 곁에서, 만인이 네
우편에서 엎드러지나 이 재앙이
네게 가까이 못하리로다
(시편 91:4-7)

아이들이 두려움을 느낄 때는
자신이 보호받지 못하고 있다고
생각할 때입니다. 어리면 어릴수
록 아이들은 부모로부터 보호받
지 못하는 두려움에 떨고 있습
니다. 그러나 부모는 그 아이가
어리면 어릴수록 더 큰 보호를
한다는 것입니다. 그렇습니다.
그래서 차라리 어린아이처럼 그
렇게 하나님의 보호와 그 그늘
안에 살기를 원하는 것입니다.

화가 네게 미치지 못하며 재앙이
네 장막에 가까이 오지 못하리니
저가 너를 위하여 그 사자들을
명하사 네 모든 길에 너를 지키게
하심이라
(시편 91:10-11)

만군의 여호와가 이르노라. 내가
너희를 위하여 황충을 금하여
너희 토지 소산을 멸하지 않게
하며 너희 밭에 포도나무의
과실로 기한 전에 떨어지지 않게
하리니
(말라기 3:11)

편 견
:

**편견은
복음의 정신과
가장 먼
반대편에 있다.**

새 계명을 너희에게 주노니 서로
사랑하라. 내가 너희를 사랑한
것같이 너희도 서로 사랑하라
(요한복음 13:34)

너희는 유대인이나 헬라인이나
종이나 자주자나 남자나 여자
없이 다 그리스도 예수 안에서
하나이니라
(갈라디아서 3:28)

그리스도께서 너희를 사랑하신
것같이 너희도 사랑 가운데서
행하라. 그는 우리를 위하여
자신을 버리사 향기로운 제물과
생축으로 하나님께 드리셨느니라
(에베소서 5:2)

불의를 행하는 자는 불의의
보응을 받으리니 주는 외모로
사람을 취하심이 없느니라
(골로새서 3:25)

너희가 만일 경에 기록한 대로 네
이웃 사랑하기를 네 몸과 같이
하라 하신 최고한 법을 지키면

  예수님께서 바리새인을 배척하
신 것은 그들이 사마리아인들과
죄인들을 배척했기 때문입니다.
편견이 몰고 오는 바람은 허리
케인이 집, 큰 나무, 건물들을
휩쓸어버리는 파괴보다 더 큰
것입니다. 편견을 가진 사람은
아무리 자신 안에 예리한 판단
력과 온몸을 봉사를 만한 열정
이 있다할지라도 바리새인의 운
명을 면할 수 없습니다.

잘하는 것이거니와 만일 너희가
외모로 사람을 취하면 죄를 짓는
것이니 율법이 너희를 범죄자로
정하리라

(야고보서 2:8-9)

회개

진실한 회개는
양면이 있다.
하나는 과거를
눈물 어린 눈으로
응시하는 것이요,
또 하나는 미래를
믿음의 눈으로
직시하는 것이다.

만일 우리가 우리 죄를 자백하면
저는 미쁘시고 의로우사 우리
죄를 사하시며 모든 불의에서
우리를 깨끗게 하실 것이요
(요한일서 1:9)

주의 백성의 죄악을 사하시고
저희 모든 죄를
덮으셨나이다(셀라)
(시편 85:2)

악인은 그 길을, 불의한 자는 그
생각을 버리고 여호와께로
돌아오라. 그리하면 그가 긍휼히
여기시리라. 우리 하나님께로
나아오라. 그가 널리 용서하시리라
(이사야 55:7)

내가 저희 불의를 긍휼히 여기고
저희 죄를 다시 기억하지
아니하리라 하셨느니라
(히브리서 8:12)

서서 기도할 때에 아무에게나
혐의가 있거든 용서하라.
그리하여야 하늘에 계신 너희

하나님의 약속은 회개한 자에게 대한 용서였지, 죄지은 자에게 회개를 약속하신 것은 아닙니다. 죄 그리고 죄사함을 자동적으로 연결하는 것은 옳지 못합니다. 이 둘 사이에는 너무도 힘든 회개라는 순간이 존재해야 합니다. 회개의 긴 밤을 세워보지 못한 사람은 죄사함의 위력이 무엇인지 알지 못합니다. "우리의 죄를 용서하시고"라는 그 기도가 심각하고 진지하지 않는 사람은 회개하는 법을 다시 배워야 합니다.

아버지도 너희 허물을 사하여 주시리라 하셨더라
(마가복음 11:25)

회 개

157

가장 중요한 책임

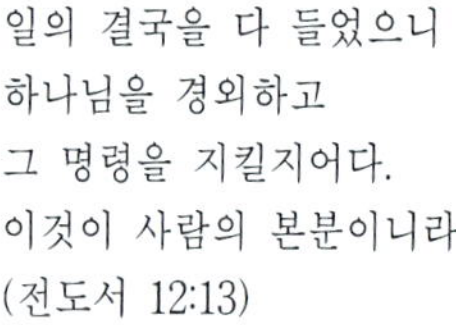

> 위대하고 아름다운
> 인물치고 하나님께서
> 주신 작은 의무에
> 날마다 충실하지 않은
> 사람은 없다.

일의 결국을 다 들었으니
하나님을 경외하고
그 명령을 지킬지어다.
이것이 사람의 본분이니라
(전도서 12:13)

너희는 세상의 소금이니
소금이 만일 그 맛을 잃으면
무엇으로 짜게 하리요.
후에는 아무 쓸데 없어
다만 밖에 버리워
사람에게 밟힐 뿐이니라.
너희는 세상의 빛이라.
산 위에 있는 동네가
숨기우지 못할 것이요.
사람이 등불을 켜서
말 아래 두지 아니하고
등경 위에 두나니 이러므로
집안 모든 사람에게 비취느니라.
이같이 너희 빛을
사람 앞에 비취게 하여
저희로 너희 착한 행실을 보고
하늘에 계신 너희 아버지께
영광을 돌리게 하라
(마태복음 5:13-16)

하늘나라에 가는 길은 지상에 있어서의 자기 의무를 완전히 수행하는 일입니다. 그러므로 우리들의 생을 마치는 최후의 자리는 이 지상에 있어서의 의무가 끝나는 자리입니다. 그렇습니다. 하나님이 우리를 이 땅에 남겨 두신 것은 우리들이 해야 할 의무가 아직 남아 있기 때문입니다.

그러므로 누구든지 이 계명 중에 지극히 작은 것 하나라도 버리고 또 그같이 사람을 가르치는 자는 천국에서 지극히 작다 일컬음을 받을 것이요 누구든지 이를 행하며 가르치는 자는 천국에서 크다 일컬음을 받으리라
(마태복음 5:19)

이에 예수께서 제자들에게 이르시되 아무든지 나를 따라 오려거든 자기를 부인하고 자기 십자가를 지고 나를 좇을 것이니라.
누구든지
제 목숨을 구원코자 하면
잃을 것이요
누구든지 나를 위하여
제 목숨을 잃으면 찾으리라
(마태복음 16:24-25)

휴 식

:

<blockquote>
휴식은
영혼에 평화가
넘쳐나고
그 몸이
그 기쁨을
함께 나누는 것이다.
</blockquote>

이러므로 내 마음이 기쁘고
내 영광도 즐거워하며
내 육체도 안전히 거하리니
(시편 16:9)

그러므로 생소한 입술과
다른 방언으로
이 백성에게 말씀하시리라.
전에 그들에게 이르시기를
이것이 너희 안식이요
이것이 너희 상쾌함이니
너희는 곤비한 자에게
안식을 주라 하셨으나
그들이 듣지 아니하였으므로
(이사야 28:11-12)

수고하고 무거운 짐진 자들아
다 내게로 오라.
내가 너희를 쉬게 하리라
(마태복음 11:28)

천하에 범사가 기한이 있고
모든 목적이 이룰 때가 있나니
(전도서 3:1)

사랑할 때가 있고

사람들이 구하는 휴식이란 정
신과 육체를 될 수 있는 한 움
직이지 않음으로써 얻는 것입니
다. 그러나 도리어 휴식은 움직
임으로써만 얻어집니다. 그리스
도인의 휴식은 몸을 쉬는 것이
아니고 그리스도 안에 있으며
그분과 교제를 나누는 것입니다.
휴식은 바로 평화 그것입니다.

미워할 때가 있으며
전쟁할 때가 있고
평화할 때가 있느니라
(전도서 3:8)

나는 마음이 온유하고 겸손하니
나의 멍에를 메고 내게 배우라.
그러면 너희 마음이
쉼을 얻으리니
이는 내 멍에는 쉽고
내 짐은 가벼움이라 하시니라
(마태복음 11:29-30)

부요함

:

부는 때때로
사람에게
활동의 자극을
주지 않고
이를 방해한다.
그리고
많은 경우에 있어서
부는 행불행을
동시에 준다.

- 어빙

할렐루야 여호와를 경외하며
그 계명을 크게 즐거워하는 자는
복이 있도다.
그 후손이 땅에서 강성함이여
정직자의 후대가 복이 있으리로다.
부요와 재물이 그 집에 있음이여
그 의가 영원히 있으리로다
(시편 112:1-3)

지혜를 얻은 자와
명철을 얻은 자는 복이 있나니
(잠언 3:13)

그 우편 손에는 장수가 있고
그 좌편 손에는 부귀가 있나니
(잠언 3:16)

선인은 그 산업을
자자 손손에게 끼쳐도
죄인의 재물은
의인을 위하여 쌓이느니라
(잠언 13:22)

너희를 위하여
보물을 땅에 쌓아 두지 말라.
거기는 좀과 동록이 해하며

　부요함은 결코 물질만의 문제
가 아닙니다. 참된 재물은 바른
지혜가 없이는 아무런 의미가
없습니다. 왜냐하면 하나님의 참
된 지혜만이 재물을 얻은 비결
이며, 이 지혜만이 그 재물을 바
르게 사용하는 도구이기 때문입
니다.

도적이 구멍을 뚫고
도적질하느니라.
오직 너희를 위하여
보물을 하늘에 쌓아 두라.
거기는 좀이나 동록이
해하지 못하며
도적이 구멍을 뚫지도 못하고
도적질도 못하느니라
(마태복음 6:19-20)

네 하나님 여호와를 기억하라.
그가 네게
재물 얻을 능을 주셨음이라.
이같이 하심은 네 열조에게
맹세하신 언약을
오늘과 같이 이루려 하심이니라
(신명기 8:18)

의로움

의에 순복하는 것이
백복의 근원이 되고
진리를 거역하는 것이
만악의 근본이 된다.

- 길선주

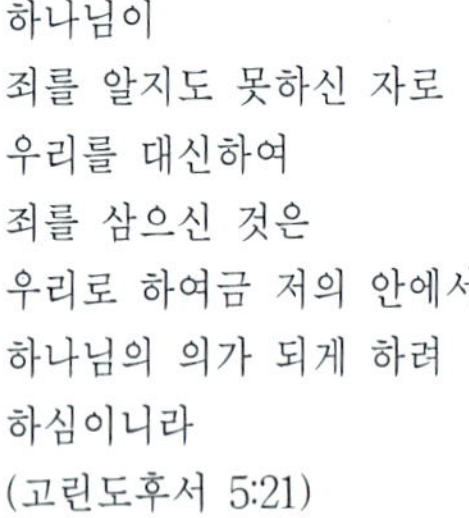

하나님이
죄를 알지도 못하신 자로
우리를 대신하여
죄를 삼으신 것은
우리로 하여금 저의 안에서
하나님의 의가 되게 하려
하심이니라
(고린도후서 5:21)

그 안에서 발견되려 함이니
내가 가진 의는
율법에서 난 것이 아니요
오직 그리스도를
믿음으로 말미암은 것이니
곧 믿음으로
하나님께로서 난 의라
(빌립보서 3:9)

곧 예수 그리스도를
믿음으로 말미암아
모든 믿는 자에게 미치는
하나님의 의니 차별이 없느니라
(로마서 3:22)

일을 아니할지라도
경건치 아니한 자를

그리스도께서 우리의 의가 되셨습니다. 누가 우리의 믿은 바 의가 무엇이냐고 물으면 '그리스도인이다'라고 대답합니다. 죄인에게 주시는 이 의는 구원의 근거가 됩니다. 아브라함이 구원받은 것도 바로 이 의로 말미암은 것이었습니다. 그러나 값없이 주시는 이 의는 우리 안에 입혀질 때 도덕적인 의로움을 나타냅니다. 그리스도의 은혜로 값없이 의로워진 그리스도인은 동시에 의로운 삶을 살게 됩니다.

의롭다 하시는 이를
믿는 자에게는
그의 믿음을 의로 여기시나니
(로마서 4:5)

의의 공효는 화평이요
의의 결과는
영원한 평안과 안전이라
(이사야 32:17)

구 원

구원,
그것은 차마…

우리는 다 양 같아서 그릇 행하여
각기 제 길로 갔거늘
여호와께서는 우리 무리의 죄악을
그에게 담당시키셨도다
(이사야 53:6)

영접하는 자 곧 그 이름을 믿는
자들에게는 하나님의 자녀가 되는
권세를 주셨으니
(요한복음 1:12)

아버지께서 내게 주시는 자는 다
내게로 올 것이요. 내게 오는 자는
내가 결코 내어 쫓지 아니하리라
(요한복음 6:37)

가로되 주 예수를 믿으라.
그리하면 너와 네 집이 구원을
얻으리라 하고
(사도행전 16:31)

모든 사람이 죄를 범하였으매
하나님의 영광에 이르지 못하더니
(로마서 3:23)

네가 만일 네 입으로

　　간혹 구원의 확신을 갖게 된
일에 대한 간증을 듣게 됩니다.
그들은 매우 평범한 구절을 읽
다가 자신 안에 일어난 놀라운
일을 깨닫고 회심한 경험을 말
합니다. 이 세상에서 가장 놀라
운 체험, 가장 충격적인 체험은
구원받은 자신을 발견하는 것입
니다. 자신이 하나님의 자녀가
되었고 구원을 얻었고 천국의
상속자가 된다는 것입니다.

예수를 주로 시인하며
또 하나님께서 그를
죽은 자 가운데서 살리신 것을
네 마음에 믿으면
구원을 얻으리니
사람이 마음으로 믿어
의에 이르고 입으로 시인하여
구원에 이르느니라
(로마서 10:9-10)

스케줄

> 스케줄은
> 만드는 것이
> 아니라
> 만들어지는 것이다.

너의 길을 여호와께 맡기라.
저를 의지하면 저가 이루시고
(시편 37:5)

주 우리 하나님의 은총을
우리에게 임하게 하사
우리 손의 행사를
우리에게 견고케 하소서.
우리 손의 행사를 견고케 하소서
(시편 90:17)

우리가 선을 행하되
낙심하지 말지니
피곤하지 아니하면
때가 이르매 거두리라
(갈라디아서 6:9)

세월을 아끼라. 때가 악하니라
(에베소서 5:16)

너희가 우편으로 치우치든지
좌편으로 치우치든지
네 뒤에서 말소리가
네 귀에 들려 이르기를
이것이 정로니 너희는 이리로
행하라 할 것이며

　　우리 앞에 카렌다가 놓여 있습
니다. 공간마다 깨알같은 글씨로
계획들이 적혀 있습니다. 그리스
도인들은 카렌다의 계획에 따라
움직이는 사람들이 아니라 하나
님의 시간표에 의해 움직이는
별난 사람들입니다.

이 묵시는 정한 때가 있나니
그 종말이 속히 이르겠고
결코 거짓되지 아니하리라.
비록 더딜지라도 기다리라.
지체되지 않고 정녕 응하리라
(하박국 2:3)

스케줄

169

확신

오 주님 제가 구하는
세 가지는 기도는
이것입니다. 저로
당신을 더 환하게
보게 하시며, 당신을
더 진실하게 사랑하게
하시며, 당신께 더
가까이 가게 하소서.

여호와는 나의 빛이요
나의 구원이시니
내가 누구를 두려워하리요
여호와는 내 생명의 능력이시니
내가 누구를 무서워하리요
(시편 27:1)

여호와께 피함이
사람을 신뢰함보다 나으며
(시편 118:8)

대저 여호와는
너의 의지할 자이시라.
네 발을 지켜 걸리지 않게
하시리라
(잠언 3:26)

내가 너를 내 손바닥에 새겼고
너의 성벽이 항상 내 앞에 있나니
(이사야 49:16)

너희가 나를 택한 것이 아니요
내가 너희를 택하여 세웠나니
이는 너희로 가서
과실을 맺게 하고
또 너희 과실이 항상 있게 하여

하나님에 대한 확신은 단 한 번의 확신으로 만족하지 않습니다. 왜냐하면 확신은 항상 변하기 쉬우며 잊혀지기 쉽기 때문입니다. 그래서 우리에게는 항상 이런 확신에 대한 갈급함과 목마름이 있어야 합니다. 마치 아침에 본 얼굴이 그리워 밤잠을 이루지 못하듯이 늘 그렇게 하나님을 바라보아야 합니다.

내 이름으로
아버지께 무엇을 구하든지
다 받게 하려 함이니라
(요한복음 15:16)

너희 속에
착한 일을 시작하신 이가
그리스도 예수의 날까지
이루실 줄을
우리가 확신하노라
(빌립보서 1:6)

자녀들아
너희는 하나님께 속하였고
또 저희를 이기었나니
이는 너희 안에 계신 이가
세상에 있는 이보다 크심이라
(요한일서 4:4)

내게 능력 주시는 자 안에서
내가 모든 것을 할 수 있느니라
(빌립보서 4:13)

음 행

자기의 죄를 숨기는 자는 형통치
못하나 죄를 자복하고 버리는
자는 불쌍히 여김을 받으리라
(잠언 28:13)

음행을 피하라. 사람이 범하는
죄마다 몸 밖에 있거니와
음행하는 자는 자기 몸에게 죄를
범하느니라. 너희 몸은 너희가
하나님께로부터 받은 바 너희
가운데 계신 성령의 전인 줄을
알지 못하느냐. 너희는 너희의
것이 아니라 값으로 산 것이
되었으니 그런즉 너희 몸으로
하나님께 영광을 돌리라
(고린도전서 6:18-20)

음행의 연고로 남자마다 자기
아내를 두고 여자마다 자기
남편을 두라
(고린도전서 7:2)

사람이 감당할 시험 밖에는
너희에게 당한 것이 없나니 오직
하나님은 미쁘사 너희가 감당치
못할 시험 당함을 허락지

아니하시고 시험 당할 즈음에
또한 피할 길을 내사 너희로 능히
감당하게 하시느니라
(고린도전서 10:13)

    음행은 낭만처럼 보일 때가 많
이 있습니다. 그런 낭만이라는
아름다운 관계를 가리켜 음행이
라고 이름붙인다면 모두가 불쾌
하게 생각할 것입니다. 그러나
분명한 것은 음행으로 치닫는
낭만이 분명히 존재한다는 것입
니다. 음행은 아무리 아름답고
화려한 낭만이라도 순식간에 가
장 추하고 가장 부끄러운 모습
으로 나타나며 어떤 미래도 보
장받을 수 없는 불안을 안게 됩
니다.

죄

당신은
죄를
선택할 수 있지만
그 결과를
선택할 수는 없다.

여호와여 내 소시의
죄와 허물을 기억지 마시고
주의 인자하심을 따라
나를 기억하시되
주의 선하심을 인하여 하옵소서
(시편 25:7)

주의 얼굴을
내 죄에서 돌이키시고
내 모든 죄악을 도말하소서
(시편 51:9)

내가 내 마음에 죄악을 품으면
주께서 듣지 아니하시리라
(시편 66:18)

내가 전심으로 주를 찾았사오니
주의 계명에서
떠나지 말게 하소서.
내가 주께 범죄치 아니하려 하여
주의 말씀을 내 마음에
두었나이다
(시편 119:10-11)

자기의 죄를 숨기는 자는
형통치 못하나

그리스도인이란 죄에 대해 능력을 잃은 사람이 아니라 죄를 지으려는 의욕을 잃은 사람입니다. 고백치 못한 죄는 분명히 그 세력을 나타내기 마련입니다. 그리고 죄의 냄새를 가장 풍기는 것은 혀입니다. 더러운 오물이 묻은 사람들이 곁에 올 때 악취를 느끼듯이 죄에 오염된 사람이 곁에 올 때 악취를 느낄 수 있습니다.

죄를 자복하고 버리는 자는
불쌍히 여김을 받으리라
(잠언 28:13)

모든 사람이 죄를 범하였으매
하나님의 영광에 이르지 못하더니
(로마서 3:23)

만일 우리가 우리 죄를 자백하면
저는 미쁘시고 의로우사
우리 죄를 사하시며
모든 불의에서
우리를 깨끗게 하실 것이요
(요한일서 1:9)

영혼 구원

모든 피조물에게
복음을 전파하는 오직
한 길은 그들에게
찾아가는 것이다.

이에 제자들에게 이르시되
추수할 것은 많되 일꾼은 적으니
(마태복음 9:37)

나와 함께 아니하는 자는
나를 반대하는 자요
나와 함께 모으지 아니하는 자는
헤치는 자니라
(마태복음 12:30)

또 가라사대
너희는 온 천하에 다니며
만민에게 복음을 전파하라.
믿고 세례를 받는 사람은
구원을 얻을 것이요
믿지 않는 사람은
정죄를 받으리라
(마가복음 16:15-16)

예수께서 대답하여 가라사대
진실로 진실로 네게 이르노니
사람이 거듭나지 아니하면
하나님 나라를 볼 수 없느니라
(요한복음 3:3)

너희가 넉 달이 지나야

하나님은 우리 모두를 학자나 사업가, 변호사로 부르지는 않으셨습니다. 하지만 우리 모두의 공통점은 복음의 증인으로 세워졌다는 것입니다. 하루가 지나고 한달이 흘렀습니다. 그리고 1년, 2년 시간이 지나갑니다. 이 모든 시간들, 이 모든 순간순간들은 복음을 전하기 위해 할애되어야 할 기회들이었습니다.

추수할 때가 이르겠다
하지 아니하느냐.
내가 너희에게 이르노니
눈을 들어 밭을 보라.
희어져 추수하게 되었도다
(요한복음 4:35)

영혼 구원

스트레스

스트레스는
푸는 것이 아니라
하나님께 나아와
회개함으로
해결하는 것이다.

여호와는 또
압제를 당하는 자의 산성이시오
환난 때의 산성이시로다
(시편 9:9)

내 육체와 마음은 쇠잔하나
하나님은 내 마음의 반석이시요
영원한 분깃이시라
(시편 73:26)

천인이 네 곁에서,
만인이 네 우편에서 엎드러지나
이 재앙이
네게 가까이 못하리로다
(시편 91:7)

화가 네게 미치지 못하며
재앙이 네 장막에
가까이 오지 못하리니
(시편 91:10)

너희가 일찍이 일어나고
늦게 누우며
수고의 떡을 먹음이 헛되도다.
그러므로 여호와께서
그 사랑하시는 자에게는

우리는 스트레스 받았다는 말을 종종 사용합니다. 그리고 그 말의 의미는 짜증이 난다. 화가 난다는 뜻입니다. 이쯤 되면 우리는 스트레스가 왜 그리스도인에게 합당치 못한가를 알게 됩니다. 스트레스는 마음의 증오심이 가득찬 상태입니다. 불만이 가득찬 마음입니다. 우리가 스트레스라는 단어를 함부로 사용해서는 안되는 이유가 여기에 있습니다.

잠을 주시는도다
(시편 127:2)

너희 염려를 다 주께 맡겨 버리라.
이는 저가 너희를 권고하심이니라
(베드로전서 5:7)

평안을 너희에게 끼치노니
곧 나의 평안을 너희에게 주노라.
내가 너희에게 주는 것은
세상이 주는 것 같지 아니하니라.
너희는 마음에 근심도 말고
두려워하지도 말라
(요한복음 14:27)

내가 두려워하는 날에는
주를 의지하리이다
(시편 56:3)

성 공

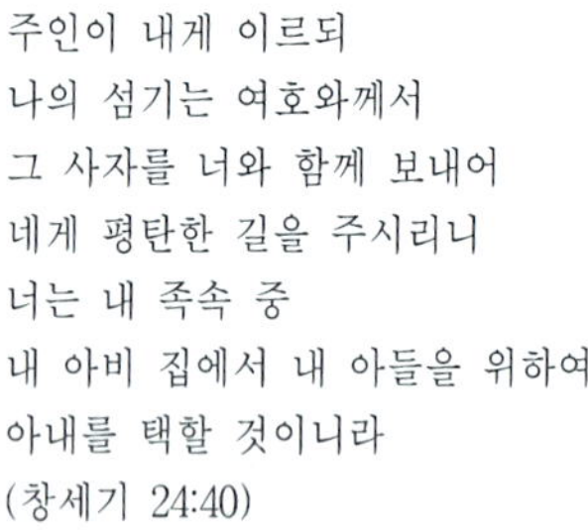

성공에는 어떠한
속임수도 존재하지
않는다.

- 카네기

주인이 내게 이르되
나의 섬기는 여호와께서
그 사자를 너와 함께 보내어
네게 평탄한 길을 주시리니
너는 내 족속 중
내 아비 집에서 내 아들을 위하여
아내를 택할 것이니라
(창세기 24:40)

그런즉 너희는
이 언약의 말씀을 지켜 행하라.
그리하면 너희의 하는 모든 일이
형통하리라
(신명기 29:9)

오직 너는 마음을 강하게 하고
극히 담대히 하여 나의 종 모세가
네게 명한 율법을 다 지켜 행하고
좌로나 우로나 치우치지 말라.
그리하면 어디로 가든지
형통하리니
이 율법책을 네 입에서
떠나지 말게 하며
주야로 그것을 묵상하여
그 가운데 기록한 대로
다 지켜 행하라.

다만 우리는 어떠한 때에도 우리에게 주어진 일에 전력을 다해 왔을 뿐입니다. 그렇습니다. 보통 사람보다 조금 더 양심적으로 노력해 왔을 뿐입니다. 이것이 성공의 비결입니다. 일부러 계획해서 얻어진 성공이 아니라 정도를 걷다보니 성공한 것입니다.

그리하면 네 길이
평탄하게 될 것이라.
네가 형통하리라
(여호수아 1:7-8)

예루살렘을 위하여 평안을 구하라.
예루살렘을 사랑하는 자는
형통하리로다
(시편 122:6)

네 재물과
네 소산물의 처음 익은 열매로
여호와를 공경하라.
그리하면 네 창고가 가득히 차고
네 즙틀에 새 포도즙이 넘치리라
(잠언 3:9-10)

자 살

주인이신 하나님이
부르실 때까지 사람은
현재의 거처로부터
벗어나서는 안된다.

여호와는 나의 빛이요
나의 구원이시니
내가 누구를 두려워하리요.
여호와는 내 생명의 능력이시니
내가 누구를 무서워하리요
(시편 27:1)

군대가 나를 대적하여 진칠지라도
내 마음이 두렵지 아니하며
전쟁이 일어나
나를 치려 할지라도
내가 오히려 안연하리로다
(시편 27:3)

여호와께서 환난 날에
나를 그 초막 속에
비밀히 지키시고
그 장막 은밀한 곳에
나를 숨기시며
바위 위에 높이 두시리로다
(시편 27:5)

내가 주께 범죄치 아니하려 하여
주의 말씀을 내 마음에
두었나이다
(시편 119:11)

 죽어야 할 때 죽지 못한 사람이니 죽어서는 안될 때 죽은 사람이나 겁쟁이기는 마찬가집니다. 순교는 죽어야 할 때입니다. 그러나 자살은 죽어야 할 때가 아닙니다. 자살은 자신의 소유가 아닌 생명을 살인하는 것입니다. 왜냐하면 이 세상의 모든 생명의 주인은 하나님이기 때문입니다.

내가 주께 감사하옴은
나를 지으심이 신묘막측하심이라.
주의 행사가 기이함을
내 영혼이 잘 아나이다
(시편 139:14)

너희 속에
착한 일을 시작하신 이가
그리스도 예수의 날까지
이루실 줄을
우리가 확신하노라
(빌립보서 1:6)

그 노염은 잠간이요
그 은총은 평생이로다.
저녁에는 울음이 기숙할지라도
아침에는 기쁨이 오리로다
(시편 30:5)

협 력

신이 인간을
수다하게 나눈 것은
서로 협조케 하기
위해서다.

- 세네카

형제가 연합하여 동거함이
어찌 그리 선하고 아름다운고
(시편 133:1)

두 사람이 한 사람보다 나음은
저희가 수고함으로
좋은 상을 얻을 것임이라.
혹시 저희가 넘어지면
하나가 그 동무를
붙들어 일으키려니와
홀로 있어 넘어지고
붙들어 일으킬 자가 없는 자에게는
화가 있으리라
(전도서 4:9-10)

한 사람이면 패하겠거니와
두 사람이면 능히 당하나니
삼겹 줄은 쉽게 끊어지지
아니하느니라
(전도서 4:12)

두 사람이 의합지 못하고야
어찌 동행하겠으며
(아모스 3:3)

진실로 다시 너희에게 이르노니

　　하와가 창조된 것은 아담과 함
께 연합하기 위해서입니다. 이
원리는 모든 가정과 사회에서
중요한 원리가 됩니다. 인간은
근본적으로 모여살도록 창조되
었습니다. 간혹 사람들과 어울리
는 것을 선천적으로 싫어하는
사람들이 있는데 이런 사람은
주의 일을 잘 감당할 수 없습니
다. 왜냐하면 주의 일은 결국 사
람을 상대하는 일이기 때문입니
다.

너희 중에
두 사람이 땅에서 합심하여
무엇이든지 구하면
하늘에 계신 내 아버지께서
저희를 위하여 이루게 하시리라
(마태복음 18:19)

오순절날이 이미 이르매
저희가 다 같이 한 곳에 모였더니
(사도행전 2:1)

이는 각 사람이
무슨 선을 행하든지
종이나 자유하는 자나
주에게 그대로 받을 줄을
앎이니라
(에베소서 6:8)

유 혹

> 유혹의 시작은
> 달콤하지만 유혹의
> 끝은 쓰다.

내가 주께 범죄치 아니하려 하여
주의 말씀을 내 마음에
두었나이다
(시편 119:11)

사람이 감당할 시험밖에는
너희에게 당한 것이 없나니
오직 하나님은 미쁘사
너희가 감당치 못할 시험 당함을
허락지 아니하시고
시험 당할 즈음에
또한 피할 길을 내사
너희로 능히 감당하게 하시느니라
(고린도전서 10:13)

마귀의 궤계를
능히 대적하기 위하여
하나님의 전신 갑주를 입으라
(에베소서 6:11)

모든 것 위에
믿음의 방패를 가지고
이로써 능히 악한 자의
모든 화전을 소멸하고
(에베소서 6:16)

　만약 당신이 악랄한 유혹 때문
에 죄에 빠진다면 속히 그 죄를
회개하여, 그 죄를 극복하고 그
죄로부터의 개혁을 시도하십시
오. 그리스도인의 안전은 싸워서
지킬 대 찾아오는 것입니다. 주
어진 하나님의 전신갑주만이 그
리스도인의 선한 싸움을 지켜줄
수 있습니다. 그 어느 것도 그를
지켜 줄 수는 없는 것입니다.

그런즉 너희는
하나님께 순복할지어다.
마귀를 대적하라.
그리하면 너희를 피하리라
(야고보서 4:7)

주께서 경건한 자는
시험에서 건지시고
불의한 자는 형벌 아래 두어
심판날까지 지키시며
(베드로후서 2:9)

서방에서
여호와의 이름을 두려워하겠고
해돋는 편에서
그의 영광을 두려워할 것은
여호와께서 그 기운에 몰려
급히 흐르는 하수같이
오실 것임이로다
(이사야 59:19)

십계명

**당신의 온몸에
말씀을 적용시키고
온 말씀을
당신에게
적용시키라.**

1. 너는 나 외에는 다른 신들을 네게 있게 말지니라.

2. 너를 위하여 새긴 우상을 만들지 말고 또 위로 하늘에 있는 것이나 아래로 땅에 있는 것이나 땅 아래 물 속에 있는 것의 아무 형상이든지 만들지 말며 그것들에게 절하지 말며 그것들을 섬기지 말라. 나 여호와 너의 하나님은 질투하는 하나님인즉 나를 미워하는 자의 죄를 갚되 아비로부터 아들에게로 삼 사대까지 이르게 하거니와 나를 사랑하고 내 계명을 지키는 자에게는 천대까지 은혜를 베푸느니라.

3. 너는 너의 하나님 여호와의 이름을 망령되이 일컫지 말라. 나 여호와의 이름을 망령되이 일컫는 자를 죄 없다 하지 아니하리라.

4. 안식일을 기억하여 거룩히 지키라.
   엿새 동안은 힘써 네 모든 일을 행할 것이나 제 칠일은 너의 하나님 여호와의 안식일인즉 너

어떤 성도들은 십계명을 버겁
다고 말하기도 합니다. 그러나
십계명은 그리스도인들에게 결
코 무거운 짐이 아님을 알 수
있습니다. 오히려 신앙생활이 적
어도 십계명 수준의 아래로 떨
어져 가는 것을 감지하게 해줍
니다. 그래서 어떤 학자들은 주
일예배때 성도들의 윤리의식을
고취하기 위해 주기도문처럼 십
계명을 낭독하자고 주장하기도
합니다.

나 네 아들이나 네 육축이나 네
문안에 유하는 객이라도 아무
일도 하지 말라.
이는 엿새 동안에 나 여호와가
하늘과 땅과 바다와 그 가운데
모든 것을 만들고 제 칠일에
쉬었음이라. 그러므로 나 여호
와가 안식일을 복되게 하여 그
날을 거룩하게 하였느니라.

5. 네 부모를 공경하라. 그리하면
   너의 하나님 나 여호와가 네게
   준 땅에서 네 생명이 길리라.

6. 살인하지 말지니라.

7. 간음하지 말지니라.

8. 도적질하지 말지니라.

9. 네 이웃에 대하여 거짓 증거하
   지 말지니라.

10. 네 이웃의 집을 탐내지 말지
    니라. 네 이웃의 아내나 그의
    남종이나 그의 여종이나 그의
    소나 그의 나귀나 무릇 네 이
    웃의 소유를 탐내지 말지니라.

(출애굽기 20:3-17)

생 각

바른 생각은
그 자체로도
기도가
될 수 있다.

여호와 나의 하나님이여 주의
행하신 기적이 많고 우리를
향하신 주의 생각도 많도소이다.
내가 들어 말하고자 하나 주의
앞에 베풀 수도 없고 그 수를
셀 수도 없나이다
(시편 40:5)

의인의 생각은 공직하여도 악인의
도모는 궤휼이니라
(잠언 12:5)

너의 행사를 여호와께 맡기라.
그리하면 너의 경영하는 것이
이루리라
(잠언 16:3)

대저 그 마음의 생각이 어떠하면
그 위인도 그러한즉 그가 너더러
먹고 마시라 할지라도 그 마음은
너와 함께하지 아니함이라
(잠언 23:7)

나 여호와가 말하노라. 너희를
향한 나의 생각은 내가 아나니
재앙이 아니라 곧 평안이요

그리스도인의 생각은 매우 중
요 합니다. 왜냐하면 그것에는
성령의 감동이 함께 섞여 있기
때문입니다. 만약 그 생각이 성
령의 감동으로 충만해진다면 그
의 삶은 위대한 기적으로 채워
질 것입니다. 생각이 거룩해지도
록 성결해지도록, 그리고 악한생
각은 품지 않도록 해야 합니다.

너희 장래에 소망을 주려 하는
생각이라
(예레미야 29:11)

종말로 형제들아
무엇에든지 참되며
무엇에든지 경건하며
무엇에든지 옳으며
무엇에든지 정결하며
무엇에든지 사랑할 만하며
무엇에든지 칭찬할 만하며
무슨 덕이 있든지
무슨 기림이 있든지
이것들을 생각하라
(빌립보서 4:8)

생각

191

십일조

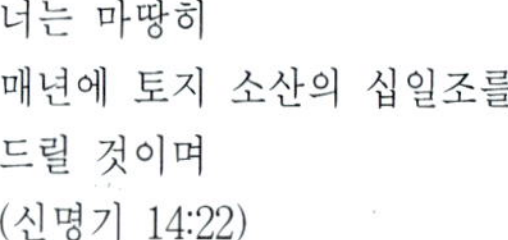

십일조는
하나님께 대한
참된 드림이다.

너는 마땅히
매년에 토지 소산의 십일조를
드릴 것이며
(신명기 14:22)

네 재물과
네 소산물의 처음 익은 열매로
여호와를 공경하라.
그리하면 네 창고가 가득히 차고
네 즙틀에 새 포도즙이 넘치리라
(잠언 3:9-10)

만군의 여호와가 이르노라.
너희의 온전한 십일조를
창고에 들여
나의 집에 양식이 있게 하고
그것으로 나를 시험하여
내가 하늘 문을 열고
너희에게 복을 쌓을 곳이 없도록
붓지 아니하나 보라.
만군의 여호와가 이르노라.
내가 너희를 위하여
황충을 금하여
너희 토지 소산을
멸하지 않게 하며
너희 밭에 포도나무의 과실로

    십일조가 아깝다고 느끼는 사
람은 아직도 하나님의 은혜를
다 헤아리지 못한 사람입니다.
만약 십일조가 돈으로 생각된다
면 그는 아직 그가 받은 그 엄
청난 축복을 다 알지 못하는 사
람입니다. 십일조는 교회의 필요
에 의한 것이 아닙니다. 오직 하
나님의 필요와 뜻으로부터 시작
된 계명입니다.

기한 전에 떨어지지 않게 하리니
(말라기 3:10-11)

화 있을진저 외식하는 서기관들과
바리새인들이여
너희가 박하와 회향과
근채의 십일조를 드리되
율법의 더 중한 바
의와 인과 신은 버렸도다.
그러나 이것도 행하고
저것도 버리지 말아야 할지니라
(마태복음 23:23)

십일조
♥
193

진 리

예수님이 가르쳐 준
길을 걸어가라. 파멸은
모든 육체적인 것에
피할 수 없는
운명으로 다가오지만,
진리는 파멸하지
않으며 영원하다는
것을 기억하라.
그러므로 그 속에서
자기의 구원을 찾으라.

– 톨스토이

여호와의 모든 길은
그 언약과 증거를 지키는 자에게
인자와 진리로다
(시편 25:10)

예수께서 가라사대
내가 곧 길이요 진리요 생명이니
나로 말미암지 않고는
아버지께로 올 자가 없느니라
(요한복음 14:6)

종말로 형제들아
무엇에든지 참되며
무엇에든지 경건하며
무엇에든지 옳으며
무엇에든지 정결하며
무엇에든지 사랑할 만하며
무엇에든지 칭찬할 만하며
무슨 덕이 있든지
무슨 기림이 있든지
이것들을 생각하라
(빌립보서 4:8)

너희가 진리를 순종함으로
너희 영혼을 깨끗하게 하여
거짓이 없이

   진리를 따라 사는 것은 결코
자유를 제한하는 것이 아닙니다.
그대에게 그 길을 걸으라고 하
는 것은 다른 길이 없기 때문입
니다. 깊은 산중, 우거진 나무,
계곡, 그리고 비탈과 절벽이 모
든 것들이 있는 그 곳에 길이
있었습니다. 그 길은 자유를 가
로막은 것이 아니라 그대의 살
길이었습니다.

형제를 사랑하기에 이르렀으니
마음으로 뜨겁게 피차 사랑하라
(베드로전서 1:22)

하나님은 인생이 아니시니
식언치 않으시고 인자가 아니시니
후회가 없으시도다.
어찌 그 말씀하신 바를
행치 않으시며
하신 말씀을 실행치 않으시랴
(민수기 23:19)

노 동

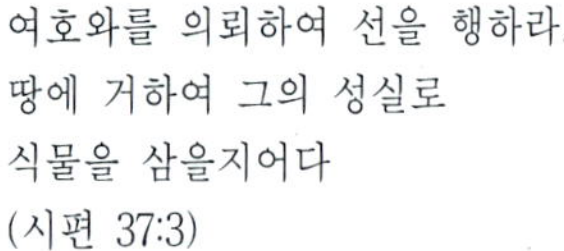

여호와를 의뢰하여 선을 행하라.
땅에 거하여 그의 성실로
식물을 삼을지어다
(시편 37:3)

보라 내가 새 일을 행하리니
이제 나타낼 것이라.
너희가 그것을 알지 못하겠느냐.
정녕히 내가 광야에 길과
사막에 강을 내리니
(이사야 43:19)

너는 잠자기를 좋아하지 말라.
네가 빈궁하게 될까 두려우니라.
네 눈을 뜨라.
그리하면 양식에 족하리라
(잠언 20:13)

무릇 네 손이 일을 당하는 대로
힘을 다하여 할지어다.
네가 장차 들어갈 음부에는
일도 없고 계획도 없고
지식도 없고 지혜도 없음이니라
(전도서 9:10)

내가 진실로 너희에게 이르노니

일을 잡으면 거기에 정성을 다
하십시오. 이것은 또한 마음을
바로 닦는 공부가 되는 것입니
다. 모든 근로는 큰 가치를 지니
고 있습니다. 그것은 인간을 향
상시키는 것이기 때문입니다. 노
동이 하나님의 축복이라는 믿음
을 가지고 일터로 나가십시오.
그러면 하나님은 먼저 그 일터
에 가 계실 것입니다.

누구든지 이 산더러
들리어 바다에 던지우라 하며
그 말하는 것이 이를 줄 믿고
마음에 의심치 아니하면
그대로 되리라
(마가복음 11:23)

승 리

이 때에 모세와 이스라엘 자손이
이 노래로 여호와께 노래하니
일렀으되
내가 여호와를 찬송하리니
그는 높고 영화로우심이요
말과 그 탄 자를
바다에 던지셨음이로다
(출애굽기 15:1)

나의 하나님이여
내가 주께 의지하였사오니
나로 부끄럽지 않게 하시고
나의 원수로 나를 이기어
개가를 부르지 못하게 하소서
(시편 25:2)

여호와여 주의 행사로
나를 기쁘게 하셨으니
주의 손의 행사를 인하여
내가 높이 부르리이다
(시편 92:4)

내게 능력 주시는 자 안에서
내가 모든 것을 할 수 있느니라
(빌립보서 4:13)

괴로운 투쟁의 결과로 얻어지는 승리만이 가치가 있습니다. 작은 승리에 기뻐하지 말고 욕정을 극복하는 일에서 먼저 승리를 쟁취하십시오. 권투선수에게 가장 힘든 싸움이 무엇이냐고 물었을 때 그는 자신과의 싸움이라고 대답했습니다. 저는 그의 말이 옳다고 봅니다. 승리는 먼저 그 승리를 얻고자 하는 마음을 준비하는 자에게 오는 하나님의 축복입니다.

여호와 우리 하나님이여
우리를 구원하사
열방 중에서 모으시고
우리로 주의 성호를 감사하며
주의 영예를 찬양하게 하소서
(시편 106:47)

또 여러 형제가 어린 양의 피와
자기의 증거하는 말을 인하여
저를 이기었으니
그들은 죽기까지
자기 생명을
아끼지 아니하였도다
(요한계시록 12:11)

승리

비 전

비전은
하나님과의 만남을
통하여 온다.

사람이 침상에서 졸며
깊이 잠들 때에나
꿈에나 밤의 이상 중에
사람의 귀를 여시고
인치듯 교훈하시나니
이는 사람으로
그 꾀를 버리게 하려 하심이며
사람에게 교만을 막으려 하심이라
(욥기 33:15-17)

묵시가 없으면
백성이 방자히 행하거니와
율법을 지키는 자는
복이 있느니라
(잠언 29:18)

여호와께서
내게 대답하여 가라사대
너는 이 묵시를 기록하여
판에 명백히 새기되
달려 가면서도 읽을 수 있게 하라.
이 묵시는 정한 때가 있나니
그 종말이 속히 이르겠고
결코 거짓되지 아니하리라.
비록 더딜지라도 기다리라.
지체되지 않고 정녕 응하리라

    비전은 하나님의 사명이 우리 안에 자리잡고 있는 형식입니다. 비전은 뜨거운 불로 감싸 있는데 그 속에는 하나님의 사명이 들어있습니다. 비전은 대서양의 모든 물을 퍼마셔도 채워지지 않을 만큼 크고 넓습니다. 이 힘이 지금 젊은이들에게 강렬하게 일어나야 합니다.

(하박국 2:2-3)

네 장막터를 넓히며
네 처소의 휘장을
아끼지 말고 널리 펴되
너의 줄을 길게 하며
너의 말뚝을 견고히 할지어다
(이사야 54:2)

그 후에 내가
내 신을 만민에게 부어 주리니
너희 자녀들이
장래일을 말할 것이며
너희 늙은이는 꿈을 꾸며
너희 젊은이는 이상을 볼 것이며
(요엘 2:28)

맹 세

> 맹세는 다급할 때
> 하는 것이 아니고
> 믿음이 가장 충만할
> 때 하는 것이다.

네 하나님 여호와께 서원하거든
갚기를 더디 하지 말라.
네 하나님 여호와께서
반드시 그것을 네게 요구하시리니
더디면 네게 죄라
(신명기 23:21)

사람이 여호와께 서원하였거나
마음을 제어하기로 서약하였거든
파약하지 말고
그 입에서 나온
대로 다 행할 것이니라
(민수기 30:2)

너희는 여호와 너희 하나님께
서원하고 갚으라.
사방에 있는 모든 자도 마땅히
경외할 이에게 예물을 드릴지로다
(시편 76:11)

가난한 자를 불쌍히 여기는 것은
여호와께 꾸이는 것이니
그 선행을 갚아 주시리라
(잠언 19:17)

서원하고 갚지 아니하는 것보다

서원하지 아니하는 것이 나으니
(전도서 5:5)

예수님은 맹세를 하지 말라고 말하십니다. 그 이유는 맹세법이 폐지되었다기 보다는 그 맹세가 잘 지켜지지 않기 때문입니다. 인간들은 자신의 이익을 위해 섣불리 입을 열어 하나님께 맹세하는 것을 봅니다. 그리고 그 문제가 해결되면 도대체 무슨 맹세를 했는지 생각을 못합니다. 이것은 분명히 불경입니다.

맹 세

♥

203

부 자

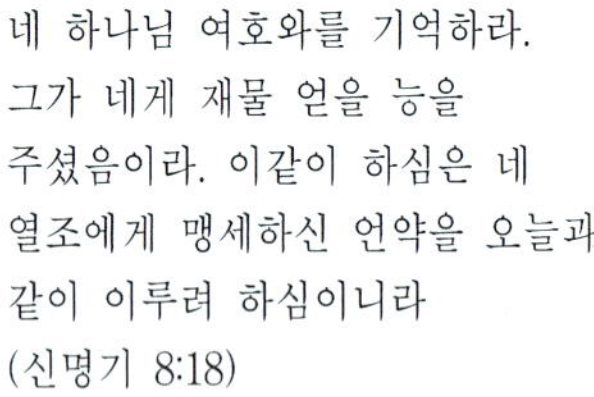

네 하나님 여호와를 기억하라.
그가 네게 재물 얻을 능을
주셨음이라. 이같이 하심은 네
열조에게 맹세하신 언약을 오늘과
같이 이루려 하심이니라
(신명기 8:18)

할렐루야 여호와를 경외하며 그
계명을 크게 즐거워하는 자는
복이 있도다.
그 후손이 땅에서 강성함이여
정직자의 후대가 복이 있으리로다.
부요와 재물이 그 집에 있음이여
그 의가 영원히 있으리로다
(시편 112:1-3)

선인은 그 산업을 자자 손손에게
끼쳐도 죄인의 재물은 의인을
위하여 쌓이느니라
(잠언 13:22)

네가 이 세대에 부한 자들을
명하여 마음을 높이지 말고
정함이 없는 재물에 소망을 두지
말고 오직 우리에게 모든 것을
후히 주사 누리게 하시는

부자에게 있어서
다른 사람들이
얼마나 빈곤한가를
살펴보는 것만큼
어려운 일은
없다.

– 스위프트

왜 부자가 성경에서 푸대접을
받고 위험한 자리에 빠지는가를
부자들은 곰곰히 생각해 보아야
합니다. 그들은 사실 부자이기
때문에 불행한 사람들이 된 것
이 아니고 부자처럼 살았기 때
문에 불행을 자초한 것입니다.
성경을 보면서 자신이 부자라고
생각하는 사람은 드물 것입니다.
그러나 부자처럼 연락하며 사는
자신의 모습을 보는 사람들은
많이 있을 것입니다.

하나님께 두며
선한 일을 행하고 선한 사업에
부하고 나눠주기를 좋아하며
동정하는 자가 되게 하라.
이것이 장래에 자기를 위하여
좋은 터를 쌓아 참된 생명을
취하는 것이니라
(디모데전서 6:17-19)

저희에게 이르시되 삼가 모든
탐심을 물리치라. 사람의 생명이
그 소유의 넉넉한 데 있지
아니하니라 하시고
(누가복음 12:15)

소 유

한 손에 무엇인가
움켜쥔 사람은 다른
것을 집을 수 없다.

이 때에 모세와 이스라엘 자손이
이 노래로 여호와께 노래하니
일렀으되 내가 여호와를
찬송하리니 그는 높고
영화로우심이요 말과 그 탄 자를
바다에 던지셨음이로다
(출애굽기 15:1)

여호와여 주의 행사로 나를
기쁘게 하셨으니 주의 손의
행사를 인하여 내가 높이
부르리이다
(시편 92:4)

의인의 열매는 생명나무라
지혜로운 자는 사람을 얻느니라
(잠언 11:30)

내가 너희의 모든 대적이 능히
대항하거나 변박할 수 없는
구재와 지혜를 너희에게 주리라
(누가복음 21:15)

자녀들아 너희는 하나님께
속하였고 또 저희를 이기었나니
이는 너희 안에 계신 이가 세상에

　　손을 움켜쥐고 있다는 것은 한
편으로 불행한 일입니다. 왜냐하
면 너무나도 많은 것들을 붙잡
을 수 없기 때문입니다. 물론 어
떤 사람은 한꺼번에 많은 것을
잡을 수 있다고 생각하기도 합
니다. 그러나 주님께서 인간은
두 주인을 섬길 수 없다고 말씀
하셨습니다. 정해진 시간 안에
무엇을 얻을 것인가 하는 이 질
문은 대상 그 자체보다 더 중요
한 것입니다.

있는 이보다 크심이라
(요한일서 4:4)

그가 또 언약을 배반하고
악행하는 자를 궤휼로 타락시킬
것이나 오직 자기의 하나님을
아는 백성은 강하여 용맹을
발하리라
(다니엘 11:32)

그가 내게 일러 가로되
여호와께서 스룹바벨에게 하신
말씀이 이러하니라. 만군의
여호와께서 말씀하시되 이는
힘으로 되지 아니하며 능으로
되지 아니하고 오직 나의 신으로
되느니라
(스가랴 4:6)

소 유

207

지 혜

사람이 깊은 지혜를
갖고 있으면 있을수록
자기의 생각을
나타내는 그의 말은
더욱더 단순하게 된다.

– 톨스토이

그러므로 내가 네게 지혜와
지식을 주고 부와 재물과 존영도
주리니 너의 전의 왕들이
이같음이 없었거니와 너의 후에도
이같음이 없으리라
(역대하 1:12)

여호와를 경외함이 곧 지혜의
근본이라. 그 계명을 지키는 자는
다 좋은 지각이 있나니 여호와를
찬송함이 영원히 있으리로다
(시편 111:10)

지혜가 제일이니 지혜를 얻으라.
무릇 너의 얻은 것을 가져 명철을
얻을지니라.
그를 높이라.
그리하면 그가 너를 높이 들리라.
만일 그를 품으면
그가 너를 영화롭게 하리라
(잠언 4:7-8)

너희 중에 누구든지
지혜가 부족하거든
모든 사람에게 후히 주시고
꾸짖지 아니하시는

그리스도인들에게 지혜가 얼마
나 중요한지 모릅니다. 그리스도
의 품성을 소유하고 그 뜨거운
복음에 대한 애착을 가지고 있
고 산을 옮길 만한 믿음을 가지
고도 지혜가 없으면 사람들에게
무식한 그리스도인이라는 비난
을 받습니다. 조금만 지혜가 있
으면 당신 안에는 너무나 값지
고 귀한 아름다움들이 나타날
수 있습니다.

하나님께 구하라. 그리하면
주시리라
(야고보서 1:5)

지혜를 얻은 자와
명철을 얻은 자는 복이 있나니
(잠언 3:13)

일

**끊임없이 일하라.
일함을 불행이라고
생각지 말라.**

엿새 동안은 일하고 제 칠일은
너희에게 성일이니 여호와께
특별한 안식일이라. 무릇 이날에
일하는 자를 죽일지니
(출애굽기 35:2)

네가 밭에서 곡식을 벨 때에
그 한 뭇을 밭에 잊어버렸거든
다시 가서 취하지 말고 객과
고아와 과부를 위하여 버려두라.
그리하면 네 하나님 여호와께서
네 손으로 하는 범사에
복을 내리시리라
(신명기 24:19)

그러나 나 여호와가 이르노라.
스룹바벨아 스스로 굳세게
할지어다. 여호사닥의 아들
대제사장 여호수아야 스스로
굳세게 할지어다.
나 여호와의 말이니라.
이 땅 모든 백성아 스스로 굳세게
하여 일할지어다.
내가 너희와 함께 하노라.
만군의 여호와의 말이니라
(학개 2:4)

이에 우리가 성을 건축하여
전부가 연락되고 고가 절반에
미쳤으니 이는 백성이 마음들여
역사하였음이니라
(느헤미야 4:6)

여행을 위하여 주머니나 두 벌
옷이나 신이나 지팡이를 가지지
말라. 이는 일꾼이 저 먹을 것
받는 것이 마땅함이니라
(마태복음 10:10)

엿새 동안은 힘써
네 모든 일을 행할 것이나
(출애굽기 20:9)

그리고 맡은 자들에게 구할 것은
충성이니라
(고린도전서 4:2)

네가 자기 사업에 근실한 사람을
보았느냐. 이러한 사람은 왕 앞에
설 것이요 천한 자 앞에 서지
아니하리라
(잠언 22:29)

두려움

두려움은 당신을
감금시키지만 믿음은
당신을 해방케 한다.

네가 소망이 있으므로 든든할지며
두루 살펴보고 안전히 쉬리니
(욥기 11:18)

너는 행악자의 득의함을 인하여
분을 품지 말며 악인의 형통을
부러워하지 말라
(잠언 24:19)

너는 의로 설 것이며 학대가
네게서 멀어질 것인즉 네가
두려워 아니할 것이며 공포
그것도 너를 가까이 못할 것이라
(이사야 54:14)

아무 것도 염려하지 말고 오직
모든 일에 기도와 간구로 너희
구할 것을 감사함으로 하나님께
아뢰라.
그리하면 모든 지각에 뛰어난
하나님의 평강이 그리스도 예수
안에서 너희 마음과 생각을
지키시리라.
종말로 형제들아 무엇에든지
참되며 무엇에든지 경건하며
무엇에든지 옳으며 무엇에든지

두려움은 능력을 마비시키지만
믿음은 그 능력을 부어줍니다.
두려움은 실망케 하고, 믿음은
격려해 줍니다. 두려움은 병들게
하나 믿음은 고쳐줍니다. 두려움
은 망치게 하나 믿음은 유용하
게 하고 두려움은 소스라치게
하나, 믿음은 피어나게 합니다.
두려움이란 양심이 죄책감에서
세금을 무는 것입니다.

정결하며 무엇에든지 사랑할
만하며 무엇에든지 칭찬할 만하며
무슨 덕이 있든지 무슨 기림이
있든지 이것들을 생각하라
(빌립보서 4:6-8)

두려워하지 말라. 너희는 많은
참새보다 귀하니라
(마태복음 10:31)

예 배

여호와의 이름에 합당한 영광을
그에게 돌릴지어다. 예물을 가지고
그 앞에 들어갈지어다. 아름답고
거룩한 것으로 여호와께
경배할지어다
(역대상 16:29)

지존자여 십현금과 비파와 수금의
정숙한 소리로 여호와께 감사하며
주의 이름을 찬양하며 아침에
주의 인자하심을 나타내며 밤마다
주의 성실하심을 베풂이
좋으니이다.
(시편 92:1-3)

하나님이 죄인을 듣지 아니하시고
경건하여 그의 뜻대로 행하는
자는 들으시는 줄을 우리가
아나이다
(요한복음 9:31)

왕이신 나의 하나님이여 내가
주를 높이고 영원히 주의 이름을
송축하리이다.
내가 날마다 주를 송축하며
영영히 주의 이름을 송축하리이다.

　그렇습니다, 예배는 인간이 하는 일 중 가장 숭고한 것이요, 가장 가치 있는 행위입니다. 예배란 내적인 경건함이요 하나님의 현존에 영혼이 무릎꿇는 것이며, 그를 절대적으로 신임하는 것입니다. 그리고 그 신성의 밀체를 체험하고 그와 비밀스러운 교제를 나누는 것입니다.

여호와는 광대하시니
크게 찬양할 것이라.
그의 광대하심을
측량치 못하리로다
(시편 145:1-3)

예수께서 대답하여 가라사대
기록하기를
주 너의 하나님께 경배하고
다만 그를 섬기라 하였느니라
(누가복음 4:8)

믿 음

믿음이 고갈된
사람만큼 비참한
인생은 없다.

하나님이 세상을 이처럼 사랑하사
독생자를 주셨으니 이는 저를
믿는 자마다 멸망치 않고 영생을
얻게 하려 하심이니라
(요한복음 3:16)

저에 대하여 모든 선지자도
증거하되 저를 믿는 사람들이
다 그 이름을 힘입어 죄 사함을
받는다 하였느니라
(사도행전 10:43)

기록된바 보라 내가 부딪히는
돌과 거치는 반석을 시온에
두노니 저를 믿는 자는
부끄러움을 당치 아니하리라 함과
같으니라
(로마서 9:33)

영접하는 자 곧 그 이름을 믿는
자들에게는 하나님의 자녀가 되는
권세를 주셨으니
(요한복음 1:12)

저를 믿는 자는 심판을
받지 아니하는 것이요 믿지

    믿음이란 우리보다 큰 힘에 의
해 점령을 당하는 것을 말합니
다. 그 위력이 우리를 흔들고 우
리를 돌이키게 하고 우리를 개
조시키며 우리를 고쳐줍니다. 그
리고 그 힘 앞에 항복하는 것이
믿음입니다. 믿음은 손입니다.
이 손으로 붙잡지 못할 것은 아
무것도 없습니다.

아니하는 자는
하나님의 독생자의 이름을
믿지 아니하므로
벌써 심판을 받은 것이니라
(요한복음 3:18)

아들을 믿는 자는 영생이 있고
아들을 순종치 아니하는 자는
영생을 보지 못하고 도리어
하나님의 진노가 그 위에 머물러
있느니라
(요한복음 3:36)

경에 기록하였으되 보라 내가
택한 보배롭고 요긴한 모퉁이
돌을 시온에 두노니 저를 믿는
자는 부끄러움을 당치 아니하리라
하였으니
(베드로전서 2:6)

구 제

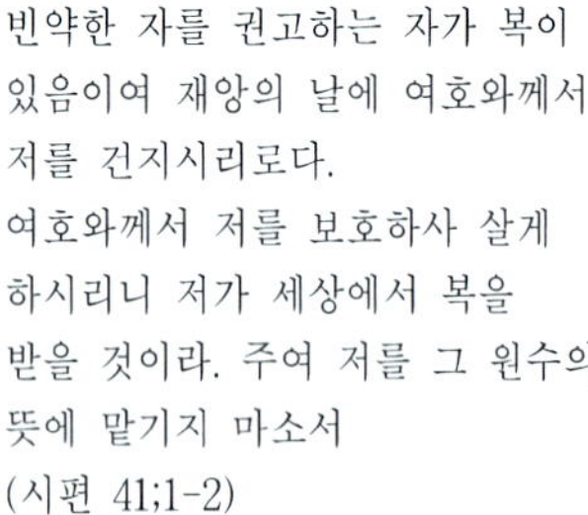

빈약한 자를 권고하는 자가 복이
있음이여 재앙의 날에 여호와께서
저를 건지시리로다.
여호와께서 저를 보호하사 살게
하시리니 저가 세상에서 복을
받을 것이라. 주여 저를 그 원수의
뜻에 맡기지 마소서
(시편 41;1-2)

가난한 자를 불쌍히 여기는 것은
여호와께 꾸이는 것이니
그 선행을 갚아 주시리라
(잠언 19:17)

너희 소유를 팔아
구제하여 낡아지지 아니하는
주머니를 만들라.
곧 하늘에 둔 바 다함이
없는 보물이니
거기는 도적도
가까이 하는 일이 없고
좀도 먹는 일이 없느니라
(누가복음 12:33)

너는 네 식물을 물 위에 던지라.
여러 날 후에 도로 찾으리라

(전도서 11:1)

그 이웃을 업신여기는 자는
죄를 범하는 자요.
빈곤한 자를 불쌍히 여기는 자는
복이 있는 자니라
(잠언 14:21)

저가 재물을 흩어 빈궁한 자에게
주었으니 그 의가 영원히 있고 그
뿔이 영화로이 들리리로다
(시편 112:9)

선한 눈을 가진 자는
복을 받으리니 이는 양식을
가난한 자에게 줌이니라
(잠언 22:9)

주라. 그리하면 너희에게 줄
것이니 곧 후히 되어 누르고
흔들어 넘치도록 하여 너희에게
안겨 주리라.
너희의 헤아리는 그 헤아림으로
너희도 헤아림을
도로 받을 것이니라
(누가복음 6:38)

효도

**부모를 무시하는
자녀는 이 세상에서
존경받을 수 없다.**

네가 계명을 아나니 간음하지
말라, 살인하지 말라, 도적질하지
말라, 거짓 증거하지 말라,
네 부모를 공경하라 하였느니라
(누가복음 18:20)

그 부모를 경홀히 여기는 자는
저주를 받을 것이라 할 것이요
모든 백성은 아멘 할지니라
(신명기 27:16)

너희 각 사람은 부모를 경외하고
나의 안식일을 지키라.
나는 너희 하나님 여호와니라
(레위기 19:3)

너는 너의 하나님 여호와의
명한 대로 네 부모를 공경하라.
그리하면 너의 하나님 여호와가
네게 준 땅에서 네가 생명이 길고
복을 누리리라
(신명기 5:16)

내 아들아
네 아비의 명령을 지키며
네 어미의 법을 떠나지 말고

　자녀는 부모의 것을 받는데 익숙해져 있습니다. 부모는 자식에게 주어도 주어도 늘 부족함을 느끼는 사랑을 가지고 있습니다. 오늘날 자식들의 관심은 부모에게 어떤 사랑을 받았는가에 대한 이야기거리입니다. 성경적으로 볼 때 이것은 관심의 대상이 아닙니다. 성경은 오히려 자식이 부모를 어떻게 효도할 것인가에 대하여 이야기합니다.

(잠언 6:20)

지혜로운 아들은 아비의 훈계를
들으나 거만한 자는 꾸지람을
즐겨 듣지 아니하느니라
(잠언 13:1)

너 낳은 아비에게 청종하고
네 늙은 어미를 경히 여기지
말지니라
(잠언 23:22)

위 로

여호와는 나의 반석이시요 나의
요새시요 나를 건지시는 자시요
나의 하나님이시요
나의 피할 바위시요
나의 방패시요
나의 구원의 뿔이시요
나의 산성이시로다
(시편 18:2)

그는 곤고한 자의 곤고를
멸시하거나 싫어하지 아니하시며
그 얼굴을 저에게서 숨기지
아니하시고 부르짖을 때에
들으셨도다
(시편 22:24)

저는 넘어지나 아주 엎드러지지
아니함은 여호와께서 손으로
붙드심이로다
(시편 37:24)

의인의 구원은 여호와께 있으니
그는 환난 때에 저희
산성이시로다
(시편 37:39)

  하나님 안에서 위로를 찾는 것
은 영원히 마르지 않는 샘입니
다. 언제 찾아가보아도 그곳에는
푸르름이 있고 아늑함이 있습니
다. 일분 동안만 눈을 감고 있으
면 금방 깊은 잠이 들 것 같은
포근함을 느낍니다.

네 짐을 여호와께 맡겨 버리라.
너를 붙드시고 의인의 요동함을
영영히 허락지 아니하시리로다
(시편 55:22)

이것을 너희에게 이름은
너희로 내 안에서 평안을
누리게 하려 함이라.
세상에서는 너희가 환난을 당하나
담대하라.
내가 세상을 이기었노라 하시니라
(요한복음 16:33)

만 족

> 현재 갖고 있는 것에
> 만족하지 않는 자는
> 가졌으면 하는 그것을
> 가졌을 경우에도
> 만족하지는 않을
> 것이다.

마음의 즐거움은 양약이라도
심령의 근심은 뼈로 마르게
하느니라
(잠언 17:22)

돈을 사랑치 말고 있는 바를 족한
줄로 알라. 그가 친히
말씀하시기를 내가 과연 너희를
버리지 아니하고 과연 너희를
떠나지 아니하리라 하셨느니라
(히브리서 13:5)

고난 받는 자는 그 날이 다
험악하나 마음이 즐거운 자는
항상 잔치하느니라
(잠언 15:15)

마음의 화평은 육신의 생명이나
시기는 뼈의 썩음이니라
(잠언 14:30)

그러나 지족하는 마음이 있으면
경건이 큰 이익이 되느니라
(디모데전서 6:6)

네 마음으로 죄인의 형통을

   우리의 모든 만족은 저절로 오는 것이 아니라 괴로움을 지불함으로써 얻게 됩니다. 만족의 그 대금은 이전에 다 지불되어 있는 것입니다. 그러나 허위의 만족은 나중에 그 대금을 지불하게 됩니다. 지금 우리의 만족이 어떤 것인지 곰곰히 생각해 보면 어떨까요!

부러워하지 말고 항상 여호와를 경외하라.
정녕히 네 장래가 있겠고 네 소망이 끊어지지 아니하리라
(잠언 23:17-18)

하나님의 징계

거만한 자는
하나님의 징계를
받을 자격이 없다.

대저 여호와께서 그 사랑하시는
자를 징계하시기를 마치 아비가
그 기뻐하는 아들을 징계함 같이
하시느니라
(잠언 3:12)

여호와여 주의 징벌을 당하며
주의 법으로 교훈하심을 받는
자가 복이 있나니
이런 사람에게는 환난의 날에
벗어나게 하사 악인을 위하여
구덩이를 팔 때까지 평안을
주시리이다
(시편 94:12-13)

우리가 판단을 받는 것은 주께
징계를 받는 것이니 이는 우리로
세상과 함께 죄 정함을 받지 않게
하려 하심이라
(고린도전서 11:32)

그러므로
우리가 낙심하지 아니하노니
겉 사람은 후패하나
우리의 속은 날로 새롭도다.
우리의 잠시 받는

　이 사회에서도 교만한 사람을 책망하면 오히려 역효과가 나는 경우가 있습니다. 그래서 거만한 자를 책망하지 말라고 이야기합니다. 하나님의 징계도 이와 같습니다. 하나님은 특별히 사랑하는 자에게 징계를 주십니다. 징계는 그의 자녀들을 끄는 하나님의 손입니다. 불신자나 버리운 자들은 하나님의 징계를 받을 자격이 없습니다.

환난의 경한 것이 지극히 크고
영원한 영광의 중한 것을
우리에게 이루게 함이니
(고린도후서 4:16-17)

주께서
그 사랑하시는 자를 징계하시고
그의 받으시는 이들마다
채찍질 하심이니라 하였으니
(히브리서 12:6)

죽음

내가 사망의 음침한 골짜기로
다닐지라도 해를 두려워하지 않을
것은 주께서 나와 함께 하심이라.
주의 지팡이와 막대기가 나를
안위하시나이다
(시편 23:4)

사망아 너의 이기는 것이 어디
있느냐. 사망아 너의 쏘는 것이
어디 있느냐
(고린도전서 15:55)

악인은 그 환난에 엎드러져도
의인은 그 죽음에도 소망이
있느니라
(잠언 14:32)

그러면 이제 우리가 그
피를 인하여 의롭다 하심을
얻었은즉 더욱 그로 말미암아
진노하심에서 구원을 얻을 것이니
(로마서 5:9)

진실로 진실로 너희에게 이르노니
사람이 내 말을 지키면 죽음을
영원히 보지 아니하리라

　　인간 누구에게나 죽음만큼 확
실하게 닥쳐오는 것은 없습니다.
그럼에도 불구하고 인간들은누
구나 다 마치 죽음 같은 것은
존재치 않는 듯이 생활하고 있
습니다. 그러나 간혹 우리가 죽
음을 생각해 봅니다. 만약 두려
움이 없는 죽음이라면 우리의
인생에 대한 만족일 것입니다.
하지만 죽음이 두렵다면 아마도
하나님 앞에 설 준ㅂ가 아직 덜
되어 있는 사람일 것입니다.

(요한복음 8:51)

이 하나님은 영영히 우리
하나님이시니 우리를 죽을 때까지
인도하시리로다
(시편 48:14)

이는 저를 믿는 자마다 영생을
얻게 하려 하심이니라
(요한복음 3:15)

원 수

자기 자신에 대해서는 엄격하고, 타인에 대해서는 관대하라.

여호와께서 저희를 도와 건지시되 악인에게서 건져 구원하심은 그를 의지한 연고로다
(시편 37:40)

너를 미워하는 자는 부끄러움을 입을 것이라. 악인의 장막은 없어지리라
(욥기 8:22)

네 대적들이 일어나 너를 치려 하면 여호와께서 그들을 네 앞에서 패하게 하시리니 그들이 한 길로 너를 치러 들어왔으나 네 앞에서 일곱 길로 도망하리라
(신명기 28:7)

우리가 하나님을 의지하고 용감히 행하리니 저는 우리의 대적을 밟으실 자심이로다
(시편 60:12)

무릇 너를 치려고 제조된 기계가 날카롭지 못할 것이라. 무릇 일어나 너를 대적하여 송사하는 혀는 네게 정죄를 당하리니 이는

원수는 우리 스스로 만들 때가
많이 있습니다. 그러나 원수가
생기지 않도록 노력한다면 우리
에게 원수는 없을 것입니다. 그
럼에도 불구하고 원수가 생길
때에는 원수를 덕으로 갚아야
합니다. 왜냐하면 원수를 원수로
갚는 것은 아무것도 이로울 것
이 없기 때문입니다.

여호와의 종들의 기업이요 이는
그들이 내게서 얻은 의니라.
여호와의 말이니라
(이사야 54:17)

여호와께서 내 편이 되사 나를
돕는 자 중에 계시니 그러므로
나를 미워하는 자에게 보응하시는
것을 내가 보리로다
(시편 118:7)

우리로 원수의 손에서 건지심을
입고
(누가복음 1:74)

사람의 행위가 여호와를 기쁘시게
하면 그 사람의 원수라도 그로
더불어 화목하게 하시느니라
(잠언 16:7)

원 수

231

영 생

어떤 신자는
천국을 믿노라
하면서도
재앙받은 것처럼
행진한다.
그러나 나는
무리와 즐기며
지옥에 가느니
외롭게라도
천국 길을
택하겠노라.

― 토저

진실로 진실로 너희에게 이르노니
믿는 자는 영생을 가졌나니
(요한복음 6:47)

그가 우리에게 약속하신 약속이
이것이니 곧 영원한 생명이니라
(요한일서 2:25)

사망이 사람으로 말미암았으니
죽은 자의 부활도 사람으로
말미암는도다
(고린도전서 15:21)

내가 하나님의 아들의 이름을
믿는 너희에게 이것을 쓴 것은
너희로 하여금 너희에게 영생이
있음을 알게 하려 함이라
(요한일서 5:13)

주께서 호령과 천사장의 소리와
하나님의 나팔로 친히 하늘로
좇아 강림하시리니 그리스도
안에서 죽은 자들이 먼저
일어나고
(데살로니가전서 4:16)

　영생은 영원히 사는 삶입니다.
우리는 여기서 죽음을 두려워하
고, 시간의 흐름을 아쉬워 합니
다. 질병의 고통이 있고 삶의 불
편과 실패를 통하여 오는 커다
란 고통이 있습니다. 이제 우리
는 우리 안에 영생이 있음을 압
니다. 이것은 우리 안에 있는 작
은 천국입니다.

모든 눈물을 그 눈에서 씻기시매
다시 사망이 없고 애통하는
것이나 곡하는 것이나 아픈 것이
다시 있지 아니하리니 처음 것들
이 다 지나갔음이러라
(요한계시록 21:4)

죄의 삯은 사망이요 하나님의
은사는 그리스도 예수 우리 주
안에 있는 영생이니라
(로마서 6:23)

자기의 육체를 위하여 심는 자는
육체로부터 썩어진 것을 거두고
성령을 위하여 심는 자는
성령으로부터 영생을 거두리라
(갈라디아서 6:8)

땅의 티끌 가운데서 자는 자 중에
많이 깨어 영생을 얻는 자도
있겠고 수욕을 받아서 무궁히
부끄러움을 입을 자도 있을
것이며
(다니엘 12:2)

신실하신 하나님

우리 주님은 성경을
덮어 두는 자에게
하나님의 신실하심을
알지 못하게 하신다.

그런즉 너는 알라. 오직 네 하나님
여호와는 하나님이시요 신실하신
하나님이시라.
그를 사랑하고 그 계명을 지키는
자에게는 천대까지 그 언약을
이행하시며 인애를 베푸시되
(신명기 7:9)

그는 그 언약 곧 천대에 명하신
말씀을 영원히 기억하셨으니
(시편 105:8)

하나님은 인생이 아니시니 식언치
않으시고 인자가 아니시니 후회가
없으시도다. 어찌 그 말씀하신
바를 행치 않으시며 하신 말씀을
실행치 않으시랴
(민수기 23:19)

또 약속하신 이는 미쁘시니
우리가 믿는 도리의 소망을
움직이지 말고 굳게 잡아
(히브리서 10:23)

우리는 미쁨이 없을지라도 주는
일향 미쁘시니 자기를 부인하실

수 없으시리라
(디모데후서 2:13)

주의 약속은 어떤 이의 더디다고
생각하는 것같이 더딘 것이
아니라 오직 너희를 대하여 오래
참으사 아무도 멸망치 않고 다
회개하기에 이르기를
원하시느니라
(베드로후서 3:9)

이스라엘의 지존자는
거짓이나 변개함이 없으시니 그는
사람이 아니시므로 결코 변개치
않으심이니이다
(사무엘상 15:29)

하나님의 약속은 얼마든지
그리스도 안에서 예가 되니
그런즉 그로 말미암아
우리가 아멘 하여
하나님께 영광을 돌리게 되느니라
(고린도후서 1:20)

신실하신 하나님

공포

> 하나님을
> 두려워하는 자는
> 생애를 겁없이 대하나
> 하나님을
> 두려워하지 않는 자는
> 모든 것을
> 무서워 한다.

몸은 죽여도 영혼은 능히 죽이지 못하는 자들을 두려워하지 말고 오직 몸과 영혼을 능히 지옥에 멸하시는 자를 두려워하라
(마태복음 10:28)

하나님이 우리에게 주신 것은 두려워하는 마음이 아니요 오직 능력과 사랑과 근신하는 마음이니
(디모데후서 1:7)

그러므로 우리가 담대히 가로되 주는 나를 돕는 자시니 내가 무서워 아니하겠노라.
사람이 내게 어찌하리요 하노라
(히브리서 13:6)

네가 물 가운데로 지날 때에 내가 함께할 것이라. 강을 건널 때에 물이 너를 침몰치 못할 것이며 네가 불 가운데로 행할 때에 타지도 아니할 것이요 불꽃이 너를 사르지도 못하리니
(이사야 43:2)

여호와께서 너를 슬픔과 곤고와

  극한 공포는 삶을 대할 용기를
주지 못합니다. 마치 그는 캄캄
한 밤중에 산 속의 조그마한 오
두막에 혼자 있는 그런 두려움
을 느낍니다. 그는 싸우지도 못
하고 날지도 못합니다. 그러나
공포는 실존의 문제가 아니라
믿음 없음에서 오는 불신앙의
증상입니다.

및 너의 수고하는 고역에서
놓으시고 안식을 주시는 날에
(이사야 14:3)

이에 제자들에게 이르시되
어찌하여 이렇게 무서워하느냐.
너희가 어찌 믿음이 없느냐
하시니
(마가복음 4:40)

적은 무리여 무서워 말라. 너희
아버지께서 그 나라를 너희에게
주시기를 기뻐하시느니라
(누가복음 12:32)

네가 누울 때에 두려워하지
아니하겠고 네가 누운즉 네 잠이
달리로다
(잠언 3:24)

하나님은 우리의 피난처시요
힘이시니 환난 중에 만날 큰
도움이시라
(시편 46:1)

의식주

배고플 때에는
먹을 것을
가리지 않는다.

너희는 먹되 풍족히 먹고 너희를
기이히 대접한 너희 하나님
여호와의 이름을 찬송할 것이라.
내 백성이 영영히 수치를 당치
아니하리로다
(요엘 2:26)

네 경내를 평안케 하시고
아름다운 밀로 너를 배불리시며
(시편 147:14)

여호와께서 자기를 경외하는
자에게 양식을 주시며 그 언약을
영원히 기억하시리로다
(시편 111:5)

의인은 포식하여도 악인의 배는
주리느니라
(잠언 13:25)

그러므로 염려하여 이르기를
무엇을 먹을까 무엇을 마실까
무엇을 입을까 하지 말라.
이는 다 이방인들이 구하는
것이라 너희 천부께서 이 모든
것이 너희에게 있어야 할 줄을

아시느니라
(마태복음 6:31-32)

우리에게 일용할 양식을 주시고 라는 주의 기도는 우리의 마음을 안심시킵니다. 하나님이 우리의 의식주에 관심갖고 있다는 이 믿음은 우리의 삶을 위로합니다. 이런 하나님을 생각할 때 우리가 의식주에 대하여 염려함은 부질없는 짓임을 알게 됩니다.

의식주

용 서

**남이 잘못한 일은
무조건 용서하라.**

서서 기도할 때에 아무에게나
혐의가 있거든 용서하라.
그리하여야 하늘에 계신 너희
아버지도 너희 허물을 사하여
주시리라 하셨더라
(마가복음 11:25)

너희가 사람의 과실을 용서하면
너희 천부께서도 너희 과실을
용서하시려니와
(마태복음 6:14)

네 원수가 주리거든 먹이고
목마르거든 마시우라. 그리함으로
네가 숯불을 그 머리에 쌓아
놓으리라
(로마서 12:20)

주라. 그리하면 너희에게 줄
것이니 곧 후히 되어 누르고
흔들어 넘치도록 하여 너희에게
안겨 주리라. 너희의 헤아리는 그
헤아림으로 너희도 헤아림을 도로
받을 것이니라
(누가복음 6:38)

남의 잘못도 용서하고 나 자신
이 저지른 일도 용서하십시오.
서로 용서하십시오. 이 세상에서
서로 평화롭게 지낼 수 있는 방
법은 하나밖에 없습니다. 그것은
용서하는 것입니다. 우리가 용서
하지 못할 때 용서받지 못한 상
한 심령들의 다툼과 분노가 평
화를 깨뜨립니다. 용서는 사랑하
는 가장 강력한 방법입니다.

너는 악을 갚겠다 말하지 말고
여호와를 기다리라.
그가 너를 구원하시리라
(잠언 20:22)

삶의 열매

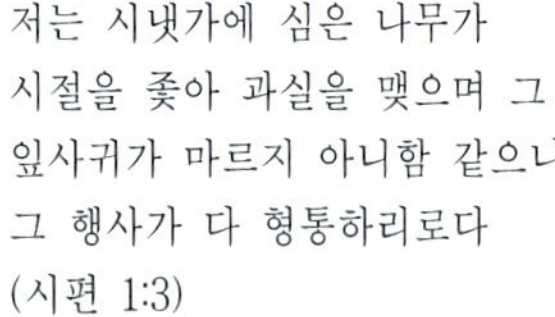

저는 시냇가에 심은 나무가
시절을 좇아 과실을 맺으며 그
잎사귀가 마르지 아니함 같으니
그 행사가 다 형통하리로다
(시편 1:3)

늙어도 결실하며 진액이 풍족하고
빛이 청청하여
(시편 92:14)

그들이 와서 시온의 높은 곳에서
찬송하며 여호와의 은사 곧
곡식과 새 포도주와 기름과 어린
양의 떼와 소의 떼에 모일 것이라.
그 심령은 물댄 동산 같겠고
다시는 근심이 없으리로다
할지어다
(예레미야 31:12)

내가 이스라엘에게 이슬과
같으리니 저가 백합화같이 피겠고
레바논 백향목같이 뿌리가 박힐
것이라
(호세아 14:5)

이런 것이 너희에게 있어

　　삶의 일들은 하나님께서 그대
에게만 맡기신 가장 중요한 일
입니다. 집안을 정리하는 단순한
일일지라도 열심히 하십시오. 그
대의 손으로 무슨 일을 하게 되
든지 최선을 다하십시오. 만일
그대가 책임져야 할 범위가 넓
고 또 관계되는 사람이 많으면
많을수록 더욱 그렇게 해야 할
것입니다.

흡족한즉 너희로 우리 주 예수
그리스도를 알기에 게으르지 않고
열매 없는 자가 되지 않게
하려니와
(베드로후서 1:8)

삶의 열매
♥

인도하심

나의 지식과 노력이
바닥나고 내 고집이
꺾였을 때 비로소
하나님의 인도가
시작된다.

너희가 우편으로 치우치든지
좌편으로 치우치든지 네 뒤에서
말소리가 네 귀에 들려 이르기를
이것이 정로니 너희는 이리로
행하라 할 것이며
(이사야 30:21)

이 하나님은 영영히 우리
하나님이시니 우리를 죽을 때까지
인도하시리로다
(시편 48:14)

사람이 마음으로 자기의 길을
계획할지라도 그 걸음을 인도하는
자는 여호와시니라
(잠언 16:9)

여호와께서 사람의 걸음을
정하시고 그 길을 기뻐하시나니
(시편 37:23)

이는 그의 하나님이 그에게
적당한 방법으로 보이사
가르치셨음이며
(이사야 28:26)

　　하나님의 인도하심은 하나님의 손이 직접 나타나는 것이 아닙니다. 다만 길을 보여주십니다. 그 길은 바로 성경입니다. 성경은 길입니다. 좌로 우로 치우치지 않도록 길을 만들어 주십니다. 성경을 읽고 그 말씀을 행하는 것이 바로 하나님의 인도를 받는 직접적인 역사입니다. 그리고 가야 할 곳과 가지 말아야 할 곳, 해야 할 것과 하지 말아야 할 것을 알게 됩니다. 이것이 바로 하나님의 인도입니다.

완전한 자는 그 의로 인하여 그 길이 곧게 되려니와 악한 자는 그 악을 인하여 넘어지리라
(잠언 11:5)

너는 범사에 그를 인정하라. 그리하면 네 길을 지도하시리라
(잠언 3:6)

내가 너의 갈 길을 가르쳐 보이고 너를 주목하여 훈계하리로다
(시편 32:8)

내가 소경을 그들의 알지 못하는 길로 이끌며 그들의 알지 못하는 첩경으로 인도하며 흑암으로 그 앞에 광명이 되게 하며 굽은 데를 곧게 할 것이라. 내가 이 일을 행하여 그들을 버리지 아니하리니
(이사야 42:16)

죄책감

> 죄책감은
> 자기 자신에 대한
> 교수형 집행관이다.

만일 우리가 우리 죄를 자백하면
저는 미쁘시고 의로우사 우리
죄를 사하시며 모든 불의에서
우리를 깨끗게 하실 것이요
(요한일서 1:9)

악인은 그 길을, 불의한 자는 그
생각을 버리고 여호와께로
돌아오라. 그리하면 그가 긍휼히
여기시리라. 우리 하나님께로
나아오라. 그가 널리 용서하시리라
(이사야 55:7)

너희가 만일 여호와께 돌아오면
너희 형제와 너희 자녀가
사로잡은 자에게서 자비를 입어
다시 이땅으로 돌아오리라. 너희
하나님 여호와는 은혜로우시고
자비하신지라. 너희가 그에게로
돌아오면 그 얼굴을 너희에게서
돌이키지 아니하시리라 하였더라
(역대하 30:9)

내가 저희 불의를 긍휼히 여기고
저희 죄를 다시 기억하지
아니하리라 하셨느니라

    죄를 짓고 품은 자는 죄책감을
지울 수 없습니다. 우리는 죄책
감을 등지고 인생을 살아갈 수
없습니다. 마치 온몸에 더러운
오물로 뒤집어 쓴 것 같은 영적
인 피곤함이 바로 죄책감입니다.
그리고 우리에게 이런 죄책감이
있기에 더욱 하나님을 생각하게
됩니다.

(히브리서 8:12)

내가 그들을 내게 범한 그 모든
죄악에서 정하게 하며 그들의
내게 범하여 행한 모든 죄악을
사할 것이라
(예레미야 33:8)

자녀들아 내가 너희에게 쓰는
것은 너희 죄가 그의 이름으로
말미암아 사함을 얻음이요
(요한일서 2:12)

저가 빛 가운데 계신 것같이
우리도 빛 가운데 행하면 우리가
서로 사귐이 있고 그 아들 예수의
피가 우리를 모든 죄에서
깨끗하게 하실 것이요
(요한일서 1:7)

환난 속의 도움

의인의 구원은 여호와께 있으니
그는 환난 때에 저희
산성이시로다
(시편 37:39)

여호와는 선하시며 환난 날에
산성이시라. 그는 자기에게
의뢰하는 자들을 아시느니라
(나훔 1:7)

주는 나의 은신처이오니 환난에서
나를 보호하시고 구원의 노래로
나를 에우시리이다(셀라)
(시편 32:7)

우리에게 많고 심한 고난을
보이신 주께서 우리를 다시
살리시며 땅 깊은 곳에서 다시
이끌어 올리시리이다
(시편 71:20)

내 영혼아 네가 어찌하여
낙망하며 어찌하여 내 속에서
불안하여 하는고. 너는 하나님을
바라라. 나는 내 얼굴을 도우시는
내 하나님을 오히려 찬송하리로다

왜냐하면 그들은 설명을 원하는 것이 아니라 대부분 논쟁을 원하기 때문입니다. 하나님은 무사한 귀착을 약속하셨지 무사한 항해를 보장하지 않으십니다. 배들이 항구에 도착하기 전에 좌초될 수 있습니다. 그러나 성도가 하나님의 뜻이라는 항구에 도착하지 못하는 경우는 절대로 없습니다.

(시편 42:11)

내 육체와 마음은 쇠잔하나
하나님은 내 마음의 반석이시요
영원한 분깃이시라
(시편 73:26)

너희 모든 성도들아 여호와를
사랑하라. 여호와께서 성실한 자를
보호하시고 교만히 행하는 자에게
엄중히 갚으시느니라
(시편 31:23)

너희가 양우리에 누울 때에는 그
날개를 은으로 입히고 그 것을
황금으로 입힌 비둘기 같도다
(시편 68:13)

여섯 가지 환난에서 너를
구원하시며 일곱 가지 환난이라도
그 재앙이 네게 미치지 않게
하시며
(욥기 5:19)

성 령

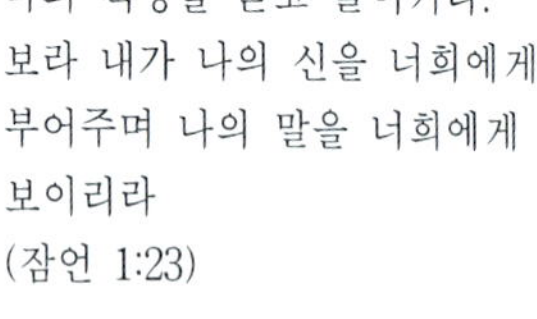

나의 책망을 듣고 돌이키라.
보라 내가 나의 신을 너희에게
부어주며 나의 말을 너희에게
보이리라
(잠언 1:23)

그러하나 진리의 성령이 오시면
그가 너희를 모든 진리 가운데로
인도하시리니 그가 자의로 말하지
않고 오직 듣는 것을 말하시며
장래 일을 너희에게 알리시리라
(요한복음 16:13)

여호와께서 또 가라사대 내가
그들과 세운 나의 언약이
이러하니 곧 네 위에 있는 나의
신과 네 입에 둔 나의 말이
이제부터 영영토록 네 입에서와
네 후손의 입에서와 네 후손의
후손의 입에서 떠나지 아니하리라
하시니라.
여호와의 말씀이니라
(이사야 59:21)

너희가 악할지라도 좋은 것을
자식에게 줄 줄 알거든 하물며

  성령의 물결을 타는 자는 밤중
에도 전진합니다. 그리고 성령에
휩싸이기 위해서는 열망과 갈망
함이 있어야 합니다. 에베소 교
인들은 성령이 있음도 듣지 못
했다고 했는데 오늘날 우리의
삶이 이렇게 성령에 대하여 무
관심한지 모르겠습니다.

너희 천부께서 구하는 자에게
성령을 주시지 않겠느냐 하시니라
(누가복음 11:13)

내가 주는 물을 먹는 자는 영원히
목마르지 아니하리니 나의 주는
물은 그 속에서 영생하도록
솟아나는 샘물이 되리라
(요한복음 4:14)

이는 그리스도 예수 안에서
아브라함의 복이 이방인에게
미치게 하고 또 우리로 하여금
믿음으로 말미암아 성령의 약속을
받게 하려 함이니라
(갈라디아서 3:14)

너희는 다시 무서워하는 종의
영을 받지 아니하였고 양자의
영을 받았으므로 아바 아버지라
부르짖느니라
(로마서 8:15)

정직한 아름다움

여성은 아름다우면
아름다울수록 더욱더
정직하지 않으면
안된다.
정직으로 인해
여성은 자기의
아름다움으로 일어날
수 있는 해악을 막을
수 있기 때문이다.

— 레싱

속이는 저울은 여호와께서
미워하셔도 공평한 추는 그가
기뻐하시느니라
(잠언 11:1)

악인은 꾸고 갚지 아니하나
의인은 은혜를 베풀고 주는도다
(시편 37:21)

이 일에 분수를 넘어서 형제를
해하지 말라. 이는 우리가
너희에게 미리 말하고 증거한
것과 같이 이 모든 일에 주께서
신원하여 주심이니라.
하나님이 우리를 부르심은 부정케
하심이 아니요 거룩케 하심이니
(데살로니가전서 4:6-7)

너희가 서로 거짓말을 말라.
옛 사람과 그 행위를 벗어버리고
새 사람을 입었으니 이는 자기를
창조하신 자의 형상을 좇아
지식에까지 새롭게 하심을 받는
자니라
(골로새서 3:9-10)

정직에 의해서 여성은 자기의 아름다움으로 인하여 일어날 수 있는 해악을 막을 수 있습니다. 무슨 뜻입니까? 정직은 그 어떤 것으로도 가리울 수 없는 인격의 시금석이 된다는 뜻입니다. 유창한 언어나 외모로도 정직과 부정직의 모습은 숨길 수가 없습니다. 이 정직은 가장 확실한 자본입니다.

네 손이 선을 베풀 힘이 있거든
마땅히 받을 자에게 베풀기를
아끼지 말며
(잠언 3:27)

네 이웃에게 팔든지 네 이웃의
손에서 사거든 너희는 서로
속이지 말라
(레위기 25:14)

너희는 서로 속이지 말고 너희의
하나님을 경외하라. 나는 너희
하나님 여호와니라
(레위기 25:17)

적은 소득이 의를 겸하면 많은
소득이 불의를 겸한 것보다
나으니라
(잠언 16:8)

정직한 아름다움

대 접

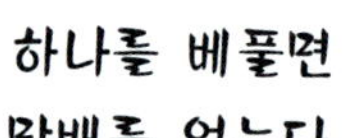

하나를 베풀면
만배를 얻는다.

서로 대접하기를 원망 없이 하고
각각 은사를 받은 대로 하나님의
각양 은혜를 맡은 선한
청지기같이 서로 봉사하라
(베드로전서 4:9-10)

만일 형제나 자매가 헐벗고
일용할 양식이 없는데 너희 중에
누구든지 그에게 이르되 평안히
가라, 더웁게 하라, 배 부르게
하라 하며 그 몸에 쓸 것을 주지
아니하면 무슨 이익이 있으리요
(야고보서 2:15-16)

누구든지 너희를 그리스도에게
속한 자라 하여 물 한 그릇을
주면 내가 진실로 너희에게
이르노니 저가 결단코 상을 잃지
않으리라
(마가복음 9:41)

손님 대접하기를 잊지 말라.
이로써 부지중에 천사들을 대접한
이들이 있었느니라
(히브리서 13:2)

　　대접받을 때 우리는 무척 만족
스럽고 기쁘기가 그지 없습니다.
그러나 그때 이런 생각을 해보
면 어떨까요? 지금 자기에게 대
접을 해주고 있는 사람생각말입
니다. 그가 참으로 고맙고 사랑
스럽고 그에게 무엇이든 다 주
고 싶은 마음을 갖게 될 것입니
다. 이제 왜 우리가 대접을 해야
하는지를 분명하게 깨닫게 되었
습니다.

범사에 너희에게 모본을 보였노니
곧 이같이 수고하여 약한
사람들을 돕고 또 주 예수의 친히
말씀하신 바 주는 것이 받는
것보다 복이 있다 하심을
기억하여야 할지니라
(사도행전 20:35)

누가 이 세상 재물을 가지고
형제의 궁핍함을 보고도 도와줄
마음을 막으면 하나님의 사랑이
어찌 그 속에 거할까보냐
(요한일서 3:17)

성도들의 쓸 것을 공급하며 손
대접하기를 힘쓰라
(로마서 12:13)

임금이 대답하여 가라사대 내가
진실로 너희에게 이르노니 너희가
여기 내 형제 중에 지극히 작은
자 하나에게 한 것이 곧 내게 한
것이니라 하시고
(마태복음 25:40)

시기

> 상대의 축복을 인정할
> 때 우리에게는
> 즐거움이 찾아온다.
> 그러나 우리가 타인의
> 행복을 탐내고 샘할
> 때 불안이 언제나
> 우리를 괴롭힌다.

네 이웃의 아내를 탐내지도
말지니라. 네 이웃의 집이나 그의
밭이나 그의 남종이나 그의
여종이나 그의 소나 그의 나귀나
무릇 네 이웃의 소유를 탐내지
말지니라
(신명기 5:21)

시기와 다툼이 있는 곳에는
요란과 모든 악한 일이
있음이니라
(야고보서 3:16)

너희가 하나님이 우리 속에
거하게 하신 성령이 시기하기까지
사모한다 하신 말씀을 헛된 줄로
생각하느뇨
(야고보서 4:5)

여호와 앞에 잠잠하고 참아
기다리라 자기 길이 형통하며
악한 꾀를 이루는 자를 인하여
불평하여 말지어다
(시편 37:7)

악인은 그 마음의 소욕을

  시기는 욕심에서 시작하여 증
오 심으로 마치는 무서운 병입
니다. 이 병은 결코 쉽게 치료되
지 않는 병입니다. 욕심이 증오
심으로 변질 때 그의 영혼은 이
미 부서질 대로 부서지고 망가
질 대로 망가져 있기 때문입니
다. 아무것도 남기지 않는 백해
무익한 것, 그것은 바로 시기입
니다.

자랑하며 탐리하는 자는 여호와를
배반하여 멸시하나이다
(시편 10:3)

포학한 자를 부러워하지 말며 그
아무 행위든지 좇지 말라
(잠언 3:31)

마음의 화평은 육신의 생명이나
시기는 뼈의 썩음이니라
(잠언 14:30)

내가 돌이켜 해 아래서 행하는
모든 학대를 보았도다. 오호라
학대받는 자가 눈물을 흘리되
저희에게 위로자가 없도다. 저희를
학대하는 자의 손에는 권세가
있으나 저희에게는 위로자가
없도다
(전도서 4:1)

헛된 영광을 구하여 서로
격동하고 서로 투기하지 말지니라
(갈라디아서 5:26)

시 기

즐거움

영적인 즐거움은
세상적인 즐거움까지
가져오지만 세상적인
즐거움은 모든 것을
잃어버린다.

너희는 기쁨으로 나아가며 평안히
인도함을 받을 것이요 산들과
작은 산들이 너희 앞에서 노래를
발하고 들의 모든 나무가
손바닥을 칠 것이며
(이사야 55:12)

의인의 장막에 기쁜 소리, 구원의
소리가 있음이여 여호와의
오른손이 권능을 베푸시며
(시편 118:15)

이에 네가 전능자를 기뻐하여
하나님께로 얼굴을 들 것이라
(욥기 22:26)

내가 이것을 너희에게 이름은 내
기쁨이 너희 안에 있어 너희
기쁨을 충만하게 하려 함이니라
(요한복음 15:11)

나는 여호와를 인하여 즐거워하며
나의 구원의 하나님을 인하여
기뻐하리로다
(하박국 3:18)

우리 일생 중 가장 유쾌한 때
는 평안히 앉아 먹고 마시며 즐
기는 때가 아닙니다. 있는 힘을
다하여 죄악과 싸워 영적으로
승리를 얻는 때입니다. 선을 위
하여 분투하고 노력할 때가 우
리 일생 중 제일 기억할 만한
때라는 것입니다. 그러나 이 세
상에 하나님이 인생에게 주신
그 즐거움은 결코 사라지지 않
을 것입니다.

여호와께 구속된 자들이 돌아와서
노래하며 시온으로 들어와서 그
머리 위에 영영한 기쁨을 쓰고
즐거움과 기쁨을 얻으리니 슬
픔과 탄식이 달아나리이다
(이사야 51:11)

나 태

나태는
인간의 적이다.
그것은
인간의 육체를
잠들게 한다.
그리고
영혼을
잠들게 한다.

부지런하여 게으르지 말고 열심을
품고 주를 섬기라
(로마서 12:11)

자기의 토지를 경작하는 자는
먹을 것이 많으려니와 방탕을
좇는 자는 궁핍함이 많으리라
(잠언 28:19)

게으른 자는 마음으로 원하여도
얻지 못하나 부지런한 자의
마음은 풍족함을 얻느니라
(잠언 13:4)

가난한 자는 밭을 경작하므로
양식이 많아지거늘 혹 불의로
인하여 가산을 탕패하는 자가
있느니라
(잠언 13:23)

수고하는 농부가 곡식을 먼저
받는 것이 마땅하니라
(디모데후서 2:6)

도적적질하는 자는 다시 도적질
하지 말고 돌이켜 빈궁한 자에게

무엇인가 일하는 것은 인간의 최선의 벗입니다. 그것은 인간에게 새로운 힘을 줍니다. 미래를 준비하고 길을 만들어줍니다. 그러나 나태는 기회를 파괴시키며, 영혼을 살해합니다. 나태가 무서운 것은 나태가 무섭다는 것을 사람들이 모르기 때문입니다.

구제할 것이 있기 위하여 제 손으로 수고하여 선한 일을 하라
(에베소서 4:28)

너는 잠자기를 좋아하지 말라. 네가 빈궁하게 될까 두려우니라. 네 눈을 뜨라. 그리하면 양식에 족하리라
(잠언 20:13)

게으른 자의 길은 가시울타리 같으나 정직한 자의 길은 대로니라
(잠언 15:19)

고 독

고독할 때 인간은
참다운 자신을
느낀다.

네가 부를 때에는 나 여호와가
응답하겠고 네가 부르짖을 때에는
말하기를 내가 여기 있다 하리라.
만일 네가 너희 중에서 멍에와
손가락질과 허망한 말을 제하여
버리고
(이사야 58:9)

너희에게 아버지가 되고 너희는
내게 자녀가 되리라. 전능하신
주의 말씀이니라 하셨느니라
(고린도후서 6:18)

내가 너와 함께 있어
네가 어디로 가든지 너를 지키며
너를 이끌어
이 땅으로 돌아오게 할지라.
내가 네게 허락한 것을
다 이루기까지
너를 떠나지 아니하리라 하신지라
(창세기 28:15)

너희도 그 안에서 충만하여졌으니
그는 모든 정사와 권세의
머리시라
(골로새서 2:10)

힘이 필요하다고 생각할 때는 고독을 찾으십시오. 예의의 길은 왕궁 속을 지나며, 행복의 길은 시장을 지나고, 덕성의 길은 아무도 없는 곳을 지납니다.

나는 가난하고 궁핍하오나 주께서는 나를 생각하시오니 주는 나의 도움이시요 건지시는 자시라. 나의 하나님이여 지체하지 마소서 (시편 40:17)

장 수

항상
쾌활한 마음으로
살라.
그러면
백해를 막고
수명을
연장시킬 것이다.

너희가 노년에 이르기까지 내가
그리하겠고 백발이 되기까지 내가
너희를 품을 것이라. 내가
지었은즉 안을 것이요 품을
것이요 구하여 내리라
(이사야 46:4)

젊은 자의 영화는 그 힘이요 늙은
자의 아름다운 것은 백발이니라
(잠언 20:29)

손자는 노인의 면류관이요 아비는
자식의 영화니라
(잠언 17:6)

네가 장수하다가 무덤에 이르리니
곡식단이 그 기한에 운반되어
올리움 같으리라
(욥기 5:26)

네 생명의 날이 대낮보다
밝으리니 어두움이 있다 할지라도
아침과 같이 될 것이요
(욥기 11:17)

너희 하나님 여호와께서 너희에게

장수와 복을 원하거든 하나님을 잘 섬기십시오. 하나님의 생명이 충만하게 흐르는 영혼은 썩지 않습니다. 죄가 인간에게 죽음과 질병을 가져왔듯이 우리의 죄는 우리의 생명을 단축시키고 육체를 망가뜨리고 죽음을 향하여 치닫게 됩니다. 이 세상에서 영생의 행복을 누리십시오. 그것은 장수입니다.

명하신 모든 도를 행하라. 그리하면 너희가 삶을 얻고 복을 얻어서 너희의 얻은 땅에서 너희의 날이 장구하리라
(신명기 5:33)

곧 너와 네 아들과 네 손자로 평생에 네 하나님 여호와를 경외하며 내가 너희에게 명한 그 모든 규례와 명령을 지키게 하기 위한 것이며 또 네 날을 장구케 하기 위한 것이라
(신명기 6:2)

사 랑

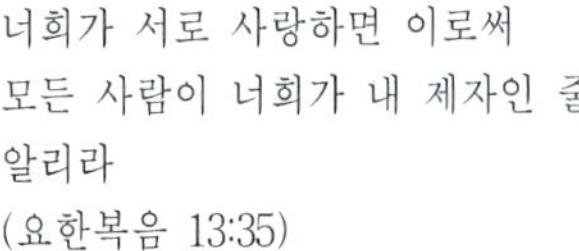

나에게 증오와
비통함을 없애주는
그러한 사랑을 달라.

- 본회퍼

너희가 서로 사랑하면 이로써
모든 사람이 너희가 내 제자인 줄
알리라
(요한복음 13:35)

형제 사랑에 관하여는 너희에게
쓸 것이 없음은 너희가 친히
하나님의 가르치심을 받아 서로
사랑함이라
(데살로니가전서 4:9)

그의 형제를 사랑하는 자는 빛
가운데 거하여 자기 속에
거리낌이 없으나
(요한일서 2:10)

너희가 진리를 순종함으로 너희
영혼을 깨끗하게 하여 거짓이
없이 형제를 사랑하기에
이르렀으니 마음으로 뜨겁게 피차
사랑하라
(베드로전서 1:22)

자녀들아 우리가 말과 혀로만
사랑하지 말고 오직 행함과
진실함으로 하자

본회퍼가 죽기 전날 그는 조용히 말씀을 펴고 예배를 인도하였습니다. 그것은 그가 마지막이 세상에 남기고 가는 사랑이었습니다. 그리고 그는 죽음을 맞이하는 한 인간이지만 얼마나 큰 기쁨중에 죽음을 맞이하는가에 대하여 이야기 했습니다. 이것은 죽음을 앞둔 형제들에 대한 사랑이었습니다.

사랑하는 자들아 하나님이 이같이 우리를 사랑하셨은즉 우리도 서로 사랑하는 것이 마땅하도다

(요한일서 4:11)

하나님의 사랑

하나님의 사랑은
획득하거나
쟁취할 수 없는
성질의 것이지만
사람에게
채임을
당할 수 있다.

하나님이 세상을 이처럼 사랑하사
독생자를 주셨으니 이는 저를
믿는 자마다 멸망치 않고 영생을
얻게 하려 하심이니라
(요한복음 3:16)

곧 너를 사랑하시고 복을 주사
너로 번성케 하시되 네게
주리라고 네 열조에게 맹세하신
땅에서 네 소생에게 은혜를
베푸시며 네 토지 소산과 곡식과
포도주와 기름을 풍성케 하시고
네 소와 양을 번식케 하시리니
(신명기 7:13)

여호와께서 소경의 눈을 여시며
여호와께서 비굴한 자를
일으키시며 여호와께서 의인을
사랑하시며
(시편 146:8)

악인의 길은 여호와께서
미워하셔도 의를 따라가는 자는
그가 사랑하시느니라
(잠언 15:9)

  하나님의 사랑은 예수님의 십자가를 통하여 나타났습니다. 우리가 얼마나 하나님이 우리를 사랑하셨는가를 보려고 하면 다만 예수님의 십자가만 생각하면 됩니다. 언젠가 영적인 고달픔과 슬픔은 안고 기도한 적이 있었습니다. 분노와 의심의 구름이 영혼을 감싸고 있었습니다. 그러나 마지막 하나님의 대답은 예수님의 십자가였습니다. 그리고 그것은 저에게 충분한 것이었습니다.

마치 청년이 처녀와 결혼함같이
네 아들들이 너를 취하겠고
신랑이 신부를 기뻐함 같이 네
하나님이 너를 기뻐하시리라
(이사야 62:5)

나 여호와가 옛적에 이스라엘에게
나타나 이르기를 내가 무궁한
사랑으로 너를 사랑하는고로
인자함으로 너를 인도하였다
하였노라
(예레미야 31:3)

사랑은 여기 있으니 우리가
하나님을 사랑한 것이 아니요
오직 하나님이 우리를 사랑하사
우리 죄를 위하여 화목제로 그
아들을 보내셨음이니라
(요한일서 4:10)

하나님 사랑하기

그대가
누구를 사랑하는지
나에게
알려주라.
그러면
그대가
어떤 인물인지
내가
알려 줄 수 있다.

- 훗세

그런즉 너는 알라. 오직 네 하나님
여호와는 하나님이시요 신실하신
하나님이시라. 그를 사랑하고 그
계명을 지키는 자에게는 천대까지
그 언약을 이행하시며 인애를
베푸시되
(신명기 7:9)

나를 사랑하는 자들이 나의
사랑을 입으며 나를 간절히 찾는
자가 나를 만날 것이니라
(잠언 8:17)

나의 계명을 가지고 지키는
자라야 나를 사랑하는 자니 나를
사랑하는 자는 내 아버지께
사랑을 받을 것이요 나도 그를
사랑하여 그에게 나를 나타내리라
(요한복음 14:21)

이는 나를 사랑하는 자로 재물을
얻어서 그 곳간에 채우게 하려
함이니라
(잠언 8:21)

우리 주 예수 그리스도를

우리는 하나님을 사랑합니다. 그러나 어떻게 사랑하고 있느냐고 묻는다면 우리는 대답할 것이 없습니다. 실제로 하나님을 사랑하고 있다고 간증을 내어 놓을 수 없기 때문입니다. 그러나 하나님을 사랑하는 자들에게 주어지는 그 놀라운 영예와 축복은 말로 형언할 수 없을 만큼 넓고 큽니다.

변함없이 사랑하는 모든 자에게
은혜가 있을지어다
(에베소서 6:24)

하나님이 가라사대 저가 나를
사랑한즉 내가 저를 건지리라.
저가 내 이름을 안즉 내가 저를
높이리라
(시편 91:14)

기록된 바 하나님이 자기를
사랑하는 자들을 위하여 예비하신
모든 것은 눈으로 보지 못하고
귀로도 듣지 못하고 사람의
마음으로도 생각지 못하였다 함과
같으니라
(고린도전서 2:9)

하나님 사랑하기

욕 심

욕망의 짐을
너무 많이 진 자는
작은 즐거움도
살 수 없다.

이는 세상에 있는 모든 것이
육신의 정욕과 안목의 정욕과
이생의 자랑이니 다 아버지께로
좇아 온 것이 아니요 세상으로
좇아 온 것이라.
이 세상도 그 정욕도 지나가되
오직 하나님의 뜻을 행하는 이는
영원히 거하느니라
(요한일서 2:16-17)

또 간음치 말라 하였다는 것을
너희가 들었으나
나는 너희에게 이르노니 여자를
보고 음욕을 품는 자마다
마음에 이미 간음하였느니라
(마태복음 5:27-28)

사랑하는 자들아 나그네와
행인같은 너희를 권하노니 영혼을
거스려 싸우는 육체의 정욕을
제어하라
(베드로전서 2:11)

또한 네가 청년의 정욕을 피하고
주를 깨끗한 마음으로 부르는
자들과 함께 의와 믿음과 사랑과

    많이 가지면 가질수록 인간은
한층 더 가지고 싶어 합니다. 그
러나 그 욕심은 진로를 바꾸어
죄의 길로 들어서게 됩니다. 그
리고 가능한 모든 죄의 길을 여
행하게 됩니다. 그가 이미 죄에
들어섰다는 것도 알지 못합니다.
왜냐하면 그는 욕심을 채우기에
너무 바쁘기 때문입니다.

화평을 좇으라
(디모데후서 2:22)

사람이 시험을 받을 때에 내가
하나님께 시험을 받는다 하지
말지니 하나님은 악에게 시험을
받지도 아니하시고 친히 아무도
시험하지 아니하시느니라
(야고보서 1:13)

이로써 그 보배롭고 지극히 큰
약속을 우리에게 주사 이
약속으로 말미암아 너희로 정욕을
인하여 세상에서 썩어질 것을
피하여 신의 성품에 참예하는
자가 되게 하려 하셨으니
(베드로후서 1:4)

결혼

결혼 전에는
두 눈을
커다랗게 뜨고 보라.
결혼 후에는
한 쪽 눈을 감으라.
결혼의 성공은
합당한 짝을
찾는 것보다
합당한 짝이
되는 데 있다.

네 헛된 평생의 모든 날 곧
하나님이 해 아래서 네게 주신
모든 헛된 날에 사랑하는 아내와
함께 즐겁게 살지어다. 이는 네가
일평생에 해 아래서 수고하고
얻은 분복이니라
(전도서 9:9)

너는 네 우물에서 물을 마시며
네 샘에서 흐르는 물을 마시라
(잠언 5:15)

남편은 그 아내에게 대한 의무를
다하고 아내도 그 남편에게
그렇게 할지라
(고린도전서 7:3)

남편들아 아내 사랑하기를
그리스도께서 교회를 사랑하시고
위하여 자신을 주심같이 하라
(에베소서 5:25)

이러므로 사람이 부모를 떠나 그
아내와 합하여 그 둘이 한 육체가
될지니
(에베소서 5:31)

　행복한 결혼생활을 하려면 행
복 해지기 위하여 하나님을 등
지지 마십시오. 먼훗날 신혼의
꿈이 사라지고 낭만이 헤어진
옷처럼 벗겨질 때 서로의 허물
로 인하여 혹독한 고통을 치러
야 하기 때문입니다. 결혼의 행
복은 남녀가 만드는 것이 아니
라 하나님이 만드심을 인정해야
합니다.

누구든지 자기 친족 특히 자기
가족을 돌아보지 아니하면 믿음을
배반한 자요 불신자보다 더 악한
자니라
(디모데전서 5:8)

결　혼
275

온 유

온유란
거친 힘이
통제를
받는 것이다.

온유한 자는 복이 있나니 저희가
땅을 기업으로 받을 것임이요
(마태복음 5:5)

공의로 빈핍한 자를 심판하며
정직으로 세상의 겸손한 자를
판단할 것이며 그 입의 막대기로
세상을 치며 입술의 기운으로
악인을 죽일 것이며
(이사야 11:4)

겸손한 자는 먹고 배부를 것이며
여호와를 찾는 자는 그를 찬송할
것이라. 너희 마음은 영원히
살지어다
(시편 22:26)

여호와께서는 자기 백성을
기뻐하시며 겸손한 자를 구원으로
아름답게 하심이로다
(시편 149:4)

겸손한 자가 여호와를 인하여
기쁨이 더하겠고 사람 중 빈핍한
자가 이스라엘의 거룩하신 자를
인하여 즐거워하리니

온유는 우리가 피조물이라는
것을 언제나 인식함으로 옵니다.
온유란 차분한 마음의 표현입니
다. 이는 결코 말썽을 일으키지
않습니다. 또한 안절부절하거나
실망하거나 토라지는 일이 없습
니다.

(이사야 29:19)

여호와께서 겸손한 자는 붙드시고
악인은 땅에 엎드러뜨리시는도다
(시편 147:6)

오직 마음에 숨은 사람을
온유하고 안정한 심령의 썩지
아니할 것으로 하라. 이는 하나님
앞에 값진 것이니라
(베드로전서 3:4)

유순한 대답은 분노를 쉬게
하여도 과격한 말은 노를
격동하느니라
(잠언 15:1)

자비

자비란
억지로
짜내는 것이 아니라
마치
고운 봄비가
하늘에서 내려와
마른 땅을
적시는 것과 같다.

- 세익스피어

그러나 여호와께서 기다리시나니
이는 너희에게 은혜를 베풀려
하심이요 일어나시리니 이는
너희를 긍휼히 여기려 하심이라.
대저 여호와는 공의의
하나님이심이라. 무릇 그를
기다리는 자는 복이 있도다
(이사야 30:18)

지혜의 오묘로 네게 보이시기를
원하노니 이는 그의 지식이 광대
하심이라. 너는 알라. 하나님의
벌하심이 네 죄보다 경하니라
(욥기 11:6)

아비가 자식을 불쌍히 여김 같이
여호와께서 자기를 경외하는 자를
불쌍히 여기시나니
(시편 103:13)

여호와께서 가라사대 내가 나의
모든 선한 형상을 네 앞으로
지나게 하고 여호와의 이름을 네
앞에 반포하리라. 나는 은혜 줄
자에게 은혜를 주고 긍휼히
여길 자에게 긍휼을 베푸느니라

　자비란 그것을 베푸는 사람에
게도 복이 되고 받는 사람에게
도 복이 되는 이중의 덕입니다.
자비는 권세있는 이의 가장 훌
륭한 덕이므로 이 덕이 만일 옥
좌에 앉은 왕의 가슴에 있으면
그 빛은 왕의 금관보다도 몇 배
나 더 빛날 것입니다.

(출애굽기 33:19)

내가 나를 위하여 저를 이 땅에
심고 긍휼히 여김을 받지
못하였던 자를 긍휼히 여기며 내
백성 아니었던 자에게 향하여
이르기를 너는 내 백성이라
하리니 저희는 이르기를 주는
내 하나님이시라 하리라
(호세아 2:23)

내 이름을 위하여 내가 노하기를
더디 할 것이며 내 영예를 위하여
내가 참고 너를 멸절하지
아니하리라
(이사야 48:9)

돈

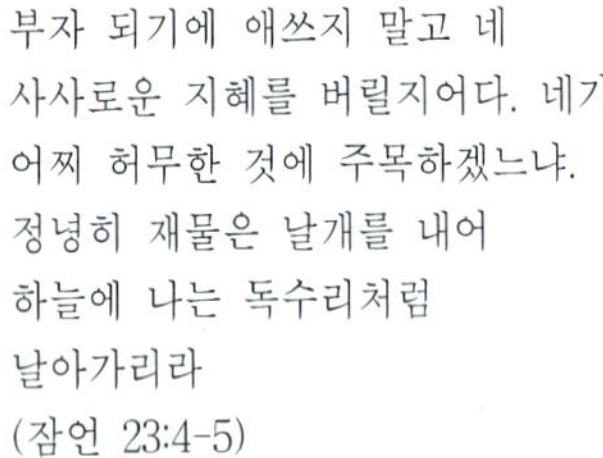

부자 되기에 애쓰지 말고 네
사사로운 지혜를 버릴지어다. 네가
어찌 허무한 것에 주목하겠느냐.
정녕히 재물은 날개를 내어
하늘에 나는 독수리처럼
날아가리라
(잠언 23:4-5)

의인의 적은 소유가 많은 악인의
풍부함보다 승하도다
(시편 37:16)

내 사랑하는 형제들아 들을지어다.
하나님이 세상에 대하여는 가난한
자를 택하사 믿음에 부요하게
하시고 또 자기를 사랑하는
자들에게 약속하신 나라를
유업으로 받게 아니하셨느냐
(야고보서 2:5)

한 손에만 가득하고 평온함이 두
손에 가득하고 수고하며 바람을
잡으려는 것보다 나으니라
(전도서 4:6)

약한 자를 약하다고 탈취하지

우리는 성경을 통해 돈이 일만 악의 뿌리라는 가르침을 받아 왔습니다. 그런데 이 가르침이 우리의 인생 속에서 중요하게 자리잡았던 때는 많지 않았던 것 같습니다. 왜냐하면 우리는 많은 돈이 없다고 생각했기 때문입니다. 그러나 성경은 돈의 많고 적음에 대하여 말하는 것이 아니고 돈 그 자체를 의미하는 것입니다. 지극히 적은 돈 그리고 그 사용은 얼마든지 일만 악의 뿌리가 될 수 있는 것입니다.

말며 곤고한 자를 성문에서
압제하지 말라
(잠언 22:22)

네 하나님 여호와를 기억하라.
그가 네게 재물 얻을 능을
주셨음이라. 이같이 하심은 네
열조에게 맹세하신 언약을 오늘과
같이 이루려 하심이니라
(신명기 8:18)

하나님은 곤비한 자를 그들의
입의 칼에서, 강한 자의 손에서
면하게 하시나니
그러므로 가난한 자가 소망이
있고 불의가 스스로 입을
막느니라
(욥기 5:15-16)

은을 사랑하는 자는 은으로
만족함이 없고 풍부를 사랑하는
자는 소득으로 만족함이 없나니
이것도 헛되도다
(전도서 5:10)

순종

하나님께 대한
순종이야말로
한 사람의 영적
사랑을 측정하는
정확하고 빈틈없는
기준이다.
순종은
모든 심오한
영적 체험의
문을 여는
열쇠이다.

여호와의 보시기에 정직하고
선량한 일을 행하라. 그리하면
네가 복을 얻고 여호와께서 네
열조에게 맹세하사 네 대적을
몰수히 네 앞에서 쫓아내리라
하신 아름다운 땅을 들어가서
얻으리니 여호와의 말씀과
같으리라
(신명기 6:18)

이스라엘아 듣고 삼가 그것을
행하라. 그리하면 네가 복을 얻고
네 열조의 하나님 여호와께서
네게 허락하심 같이 젖과 꿀이
흐르는 땅에서 너의 수효가
심히 번성하리라
(신명기 6:3)

너희가 이 모든 법도를 듣고
지켜 행하면 네 하나님
여호와께서 네 열조에게 맹세하신
언약을 지켜 네게 인애를 베푸실
것이라
(신명기 7:12)

그런즉 너희는 이 언약의 말씀을

우리 주변에서 가장 상대하지
좋은 사람은 아마 고분고분한
사람일 것입니다. 왠지 그와 함
께 있으면 마음이 편하고 기쁨
이 있습니다. 순종이 바로 이런
것입니다. 성경은 순종하는 사람
을 주인에게 더운 날에 얼음냉
수와 같다고 말씀하고 있습니다.
하나님께서 우리를 보실 때 가
장 큰 기쁨을 얻으시는 것은 우
리가 순종하고자 할 때입니다.

지켜 행하라. 그리하면 너희의
하는 모든 일이 형통하리라
(신명기 29:9)

너희는 내게 배우고 받고 듣고 본
바를 행하라. 그리하면 평강의
하나님이 너희와 함께 계시리라
(빌립보서 4:9)

그러므로 누구든지 이 계명 중에
지극히 작은 것 하나라도 버리고
또 그같이 사람을 가르치는 자는
천국에서 지극히 작다 일컬음을
받을 것이요 누구든지 이를
행하며 가르치는 자는 천국에서
크다 일컬음을 받으리라
(마태복음 5:19)

그러므로 누구든지 나의 이 말을
듣고 행하는 자는 그 집을 반석
위에 지은 지혜로운 사람
같으리니
(마태복음 7:24)

부모의 의무

나쁜 자녀는
나쁜 부모에 의해,
착한 자녀는
착한 부모에 의해
만들어지는 것이다.
자기 자식에게
아무일도 가르치지
않는 것은
파멸로 밀어넣는
것이나
다름없다.

내가 그로 그 자식과 권속에게
명하여 여호와의 도를 지켜 의와
공도를 행하게 하려고 그를
택하였나니 이는 나 여호와가
아브라함에게 대하여 말한 일을
이루려 함이니라
(창세기 18:19)

또 그것을 너희의 자녀에게
가르치며 집에 앉았을 때에든지,
길에 행할 때에든지, 누웠을
때에든지, 일어날 때에든지 이
말씀을 강론하고
(신명기 11:19)

너는 그 날에 네 아들에게 뵈어
이르기를 이 예식은 내가
애굽에서 나올 때에 여호와께서
나를 위하여 행하신 일을
인함이라 하고
(출애굽기 13:8)

아비들아 너희 자녀를 격노케
말지니 낙심할까 함이라
(골로새서 3:21)

착한 자녀를 얻으려는 사람은 먼저 자신이 착한 부모가 되어야 한다는 사실을 기억해야 합니다. 자식은 두 개의 손길이 필요합니다. 하나는 하나님의 손길이요 다른 하나는 부모의 손길입니다. 부모는 하나님의 대리인입니다. 그는 당연히 하나님의 백성인 자녀를 책임지고 양육해야 할 책임이 있습니다. 그렇습니다. 그것은 막연한 자식사랑이기 전에 감당해야 할 책임입니다.

마땅히 행할 길을 아이에게 가르치라. 그리하면 늙어도 그것을 떠나지 아니하리라
(잠언 22:6)

또 아비들아 너희 자녀를 노엽게 하지 말고 오직 주의 교양과 훈계로 양육하라
(에베소서 6:4)

평화

그리스도의 가르침을
항상 명심할 때
그대의 영혼은
평안함을 얻으리라.

- 러스킨

입술의 열매를 짓는 나 여호와가
말하노라. 먼 데 있는 자에게든지
가까운 데 있는 자에게든지
평강이 있을지어다. 평강이
있을지어다. 내가 그를 고치리라
하셨느니라
(이사야 57:19)

그리스도의 평강이 너희 마음을
주장하게 하라. 평강을 위하여
너희가 한 몸으로 부르심을
받았나니 또한 너희는 감사하는
자가 되라
(골로새서 3:15)

내가 하나님 여호와의 하실
말씀을 들으리니 대저 그 백성, 그
성도에게 화평을 말씀하실 것이라.
저희는 다시 망령된 데로
돌아가지 말지로다
(시편 85:8)

그리하면 모든 지각에 뛰어난
하나님의 평강이 그리스도 예수
안에서 너희 마음과 생각을
지키시리라

영혼의 기쁨은 그리스도의 가
르침을 언제까지라도 버리지 않
을 때만 얻을 수 있을 것입니다.
그리고 그때에 그대는 참으로
신앙의 기쁨 속으로 들어갈 수
있을 것입니다. 이 세상에 한 번
쯤 맛볼 수 있는 것들은 진정한
평화를 우리에게 주지 못합니다.

(빌립보서 4:7)

예수께서 여자에게 이르시되 네
믿음이 너를 구원하였으니 평안히
가라 하시니라
(누가복음 7:50)

평강의 주께서 친히 때마다
일마다 너희에게 평강을 주시기를
원하노라. 주는 너희 모든 사람과
함께 하실지어다
(데살로니가후서 3:16)

평안을 너희에게 끼치노니 곧
나의 평안을 너희에게 주노라.
내가 너희에게 주는 것은 세상이
주는 것 같지 아니하니라.
너희는 마음에 근심도 말고
두려워하지도 말라
(요한복음 14:27)

가 난

소유한 것이 없다고
가난한 사람이
아니다.
욕망이
소유보다 큰 사람이
가난한 사람이다.

저는 궁핍한 자의 부르짖을 때에
건지며 도움이 없는
가난한 자도 건지며
저는 가난한 자와 궁핍한 자를
긍휼히 여기며 궁핍한 자의
생명을 구원하며
(시편 72:12-13)

궁핍한 자는 곤란에서 높이
드시고 그 가족을 양무리 같게
하시나니
(시편 107:41)

여호와는 궁핍한 자를 들으시며
자기를 인하여 수금된 자를
멸시치 아니하시나니
(시편 69:33)

여호와께 노래하라. 너희는
여호와를 찬양하라. 가난한 자의
생명을 행악자의 손에서
구원하셨음이니라
(예레미야 20:13)

여호와께서 빈궁한 자의 기도를
돌아보시며 저희 기도를 멸시치

조금밖에 못가진 사람이 가난한 것이 아니라 늘 공복감에 사로잡혀 탐내는 사람이 가난한 것입니다. 부자가 인색하게 사는 것은 바로 이런 가난의 영이 있기 때문입니다. 그러나 참으로 가난한 자는 하나님의 **특별한** 관심의 대상이 됩니다. 그가 저절로 그렇게 하나님의 관심의 대상이 되는 것이 아니라 그에게 하나님을 받아들일 공백이 크기 때문입니다.

아니하셨도다
(시편 102:17)

가난한 자를 진토에서 일으키시며
궁핍한 자를 거름 무더기에서
드셔서
(시편 113:7)

내가 이 성의 식료품에 풍족히
복을 주고 양식으로 그 빈민을
만족케 하리로다
(시편 132:15)

주의 회중으로 그 가운데 거하게
하셨나이다. 하나님이여 가난한
자를 위하여 주의 은택을
준비하셨나이다
(시편 68:10)

가 난
♥
289

기 도

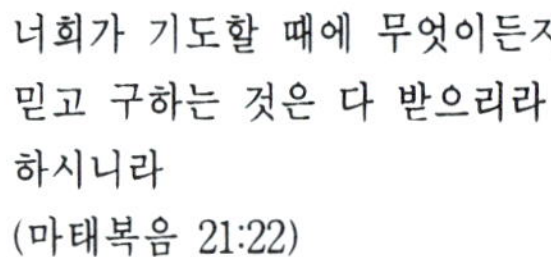

너회가 기도할 때에 무엇이든지
믿고 구하는 것은 다 받으리라
하시니라
(마태복음 21:22)

시온에 거하며 예루살렘에 거하는
백성아 너는 다시 통곡하지 않을
것이라. 그가 너의 부르짖는
소리를 인하여 네게 은혜를 베푸
시되 들으실 때에 네게
응답하시리라
(이사야 30:19)

너회는 내게 부르짖으며 와서
내게 기도하면 내가 너회를 들을
것이요
(예레미야 29:12)

너는 그에게 기도하겠고 그는
들으실 것이며 너의 서원한 것을
네가 갚으리라
(욥기 22:27)

이러므로 너회 죄를 서로 고하며
병 낫기를 위하여 서로 기도하라.
의인의 간구는 역사하는 힘이

사탄이 무서워하는 것은 기도
뿐 입니다. 따라서 사탄의 유일
한 일은 성도들을 기도에서부터
떠나게 하는 것입니다. 기도없는
연구, 사업, 종교는 사탄이 두려
워 하지 않습니다. 그는 우리의
노력을 조소하고, 우리의 지혜를
경시합니다. 그러나 그들은 우리
가 기도할 때는 무서워 떱니다.

많으니라
(야고보서 5:16)

그러므로 안식일에 이러한 일을
행하신다 하여 유대인들이 예수를
핍박하게 된지라
(요한복음 5:16)

너희가 악한 자라도 좋은 것으로
자식에게 줄줄 알거든 하물며
하늘에 계신 너희 아버지께서
구하는 자에게 좋은 것으로
주시지 않겠느냐
(마태복음 7:11)

저녁과 아침과 정오에 내가
근심하여 탄식하리니 여호와께서
내 소리를 들으시리로다
(시편 55:17)

교 만

교만한 이는
항상 내려다본다.
이런 자가
어떻게
위의 것을 볼 수
있겠는가

- c s 루이스

교만은 패망의 선봉이요 거만한
마음은 넘어짐의 앞잡이니라
(잠언 16:18)

스스로 지혜롭다 하며 스스로
명철하다 하는 그들은
화 있을진저
(이사야 5:21)

곧 모든 교만한 자를 발견하여
낮추며 악인을 그 처소에서
밟아서
(욥기 40:12)

여호와를 경외하는 것은 악을
미워하는 것이라. 나는 교만과
거만과 악한 행실과 패역한 입을
미워하느니라
(잠언 8:13)

타인으로 너를 칭찬하게 하고 네
입으로는 말며 외인으로 너를
칭찬하게 하고 네 입술로는
말지니라
(잠언 27:2)

   하늘을 올려다보면 세리처럼 올 수밖에 없습니다. 그러나 바리새인처럼 사람을 보면 비판하고 교만합니다. 어떤 사람은 하늘을 우러러 용서함 받고 불쌍히 여김을 받는데, 어떤 사람은 이곳저곳을 다니면서 형제를 비난하고 낮추는 데 여념이 없습니다.

너희가 서로 영광을 취하고
유일하신 하나님께로부터 오는
영광은 구하지 아니하니
어찌 나를 믿을 수 있느냐
(요한복음 5:44)

예수께서 앉으사 열두 제자를
불러서 이르시되 아무든지 첫째가
되고자 하면 웃사람의 끝이 되며
웃사람을 섬기는 자가 되어야
하리라 하시고
(마가복음 9:35)

교 만
♥

고통에 사로잡힌 사람

시련은
하나님의
그림자이다

- 맥도날드

나 여호와가 이같이 말하노라.
용사의 포로도 빼앗을 것이요
강포자의 빼앗은 것도 건져낼
것이니 이는 내가 너를 대적하는
자를 대적하고 네 자녀를 구원할
것임이라
(이사야 49:25)

너의 쫓겨간 자들이 하늘 가에
있을지라도 네 하나님 여호와께서
거기서 너를 모으실 것이며
거기서부터 너를 이끄실 것이라
(신명기 30:4)

여호와는 궁핍한 자를 들으시며
자기를 인하여 수금된 자를
멸시치 아니하시나니
(시편 69:33)

흑암과 사망의 그늘에서 인도하여
내시고 그 얽은 줄을 끊으셨도다
(시편 107:14)

압박 당하는 자를 위하여 공의로
판단하시며 주린 자에게 식물을
주시는 자시로다. 여호와께서 갇힌

자신이 억울하게 누구에겐가 혹은 무엇에겐가 사로잡혀 있다는 생각을 해본 적이 있습니까? 그리고 자신의 힘으로 도저히 그 결박을 풀 수 없다고 생각합니까? 그렇다면 하나님께 상소장을 올리는 것입니다. 거대한 애굽의 권세가 힘 없는 이스라엘을 사로잡고 있었지만 하나님이 이스라엘을 사랑하셨기에 그들을 그 고통에서 건져내신 것입니다.

자를 해방하시며
(시편 146:7)

하나님은 고독한 자로 가속 중에 처하게 하시며 수금된 자를 이끌어 내사 형통케 하시느니라. 오직 거역하는 자의 거처는 메마른 땅이로다
(시편 68:6)

하나님의 보호

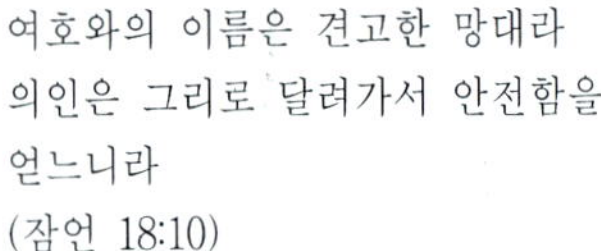

> 하나님은
> 그 백성을 시켜
> 당신의 백성을
> 돌보신다.
> 그리스도인의 안전은
> 위험을 떠난 안전이
> 아니라 폭풍 속에서
> 얻는 안전이다.

여호와의 이름은 견고한 망대라
의인은 그리로 달려가서 안전함을
얻느니라
(잠언 18:10)

네가 멸망과 기근을 비웃으며
들짐승을 두려워 아니할 것은
(욥기 5:22)

네가 누울 때에 두려워하지
아니하겠고 네가 누운즉 네 잠이
달리로다
(잠언 3:24)

베냐민에 대하여는 일렀으되
여호와의 사랑을 입은 자는 그
곁에 안전히 거하리로다.
여호와께서 그를 날이 맞도록
보호하시고 그로 자기 어깨
사이에 처하게 하시리로다
(신명기 33:12)

오직 나를 듣는 자는 안연히 살며
재앙의 두려움이 없이 평안하리라
(잠언 1:33)

다윗이 사망의 음침한 골짜기를 지날 때에 하나님의 보호하심을 의심할 수 있었습니다. 그리고 바울이 복음을 전하다가 감옥에 투옥되었을 때 하나님의 보호하심을 의심할 수 있었습니다. 그러나 그들은 조금도 하나님의 돌보심을 의심하지 않았습니다. 오히려 더 큰 확신과 고백이 동반되어 있습니다. 이것이 하나님의 보호하심을 바라보는 성도들의 눈입니다.

그들이 다시는 이방의 노략거리가 되지 아니하며 땅의 짐승의 삼킨바 되지 아니하고 평안히 거하리니 놀랠 사람이 없으리라
(에스겔 34:28)

내가 평안히 눕고 자기도 하리니 나를 안전히 거하게 하시는 이는 오직 여호와시니이다
(시편 4:8)

여호와는 나의 빛이요 나의 구원이시니 내가 누구를 두려워하리요 여호와는 내 생명의 능력이시니 내가 누구를 무서워하리요
(시편 27:1)

예수 그리스도

예수 그리스도는
나의
전부이다.

그런즉 누구든지 그리스도 안에
있으면 새로운 피조물이라. 이전
것은 지나갔으니 보라 새것이
되었도다
(고린도후서 5:17)

하나님이 죄를 알지도 못하신
자로 우리를 대신하여 죄를
삼으신 것은 우리로 하여금 저의
안에서 하나님의 의가 되게 하려
하심이니라
(고린도후서 5:21)

너희의 허물과 죄로 죽었던
너희를 살리셨도다
(에베소서 2:1)

나의 자녀들아 내가 이것을
너희에게 씀은 너희로 죄를 범치
않게 하려 함이라. 만일 누가 죄를
범하면 아버지 앞에서 우리에게
대언자가 있으니 곧 의로우신
예수 그리스도시라.
저는 우리 죄를 위한 화목
제물이니 우리만 위할 뿐 아니요
온 세상의 죄를 위하심이라

　　그리스도는 하나님께 접근하는 많은 길 중의 하나이거나 여러 방법 중 하나가 아니라 유일무이한 길입니다. 그리스도는 생애를 통해 어떻게 살 것인가를 보여주셨고, 죽음을 통해 희생을 보여주셨고, 부활을 통해 승리를 보여주셨고, 승천을 통해 왕권을 보여주셨고, 중보를 통해 제사장의 직분을 보여주셨습니다.

(요한일서 2:1-2)

그러나 이 은사는 그 범죄와 같지 아니하니 곧 한 사람의 범죄를 인하여 많은 사람이 죽었은즉 더욱 하나님의 은혜와 또는 한 사람 예수 그리스도의 은혜로 말미암은 선물이 많은 사람에게 넘쳤으리라

(로마서 5:15)

예수 그리스도

하나님의 찾기

알려진 하나님께
알려지지 않은
미래를 의탁하기를
결코
주저하지 마시오.

저가 나가서 아사를 맞아 이르되
아사와 및 유다와 베냐민의
무리들아 내 말을 들으라. 너희가
여호와와 함께 하면 여호와께서
너희와 함께 하실지라. 너희가
만일 저를 찾으면 저가 너희의
만난 바 되시려니와 너희가 만일
저를 버리면 저도 너희를
버리시리라
(역대하 15:2)

너희가 자기를 위하여 의를 심고
긍휼을 거두라. 지금이 곧
여호와를 찾을 때니 너희 묵은
땅을 기경하라. 마침내 여호와께서
임하사 의를 비처럼 너희에게
내리시리라
(호세아 10:12)

믿음이 없이는 기쁘시게 못하나니
하나님께 나아가는 자는 반드시
그가 계신 것과 또한 그가 자기를
찾는 자들에게 상 주시는 이심을
믿어야 할지니라
(히브리서 11:6)

하나님을 찾는 것은 보물찾기
가 아닙니다. 어디엔가 숨어 찾
아오기를 기다리시는 하나님이
아닙니다. 우리가 흔히 오해하고
있는 것은 하나님이 숨어있다고
생각하는 것입니다. 그러나 하나
님은 멀리 계시지 않으며 우리
의 마음 속에 기록된 그의 말씀
속에 항상 계십니다.

이는 사람으로 하나님을 혹
더듬어 찾아 발견케 하려
하심이로되 그는 우리 각
사람에게서 멀리 떠나 계시지
아니하도다
(사도행전 17:27)

여호와께서 이스라엘 족속에게
이르시기를 너희는 나를 찾으라.
그리하면 살리라
(아모스 5:4)

너희가 전심으로 나를 찾고
찾으면 나를 만나리라
(예레미야 29:13)

그러나 네가 거기서 네 하나님
여호와를 구하게 되리니 만일
마음을 다하고 성품을 다하여
그를 구하면 만나리라
(신명기 4:29)

자기 부인

> 자기 부인이란
> 자기 자신을
> 버리는 것이 아니라
> 그저
> 자신을
> 본능적인 영역에서
> 영적인 영역으로
> 옮겨 놓는
> 것일 뿐이다.

그리스도 예수의 사람들은 육체와
함께 그 정과 욕심을 십자가에
못 박았느니라
(갈라디아서 5:24)

모든 사람에게 구원을 주시는
하나님의 은혜가 나타나
우리를 양육하시되 경건치 않은
것과 이 세상 정욕을 다 버리고
근신함과 의로움과 경건함으로
이 세상에 살고
(디도서 2:11)

그러므로 형제들아 우리가 빚진
자로되 육신에게 져서 육신대로
살 것이 아니니라.
너희가 육신대로 살면 반드시
죽을 것이로되 영으로써 몸의
행실을 죽이면 살리니
(로마서 8:12-13)

이에 예수께서 제자들에게
이르시되 아무든지 나를 따라
오려거든 자기를 부인하고 자기
십자가를 지고 나를 좇을
것이니라. 누구든지 제 목숨을

  그리스도인들은 무엇을 포기하
라, 버리라고 말하면 겁을 냅니
다. 그러나 하나님이 돈과 명예
를 버리라고 말한다면 그것은
돈과 명예를 집어던지라는 뜻이
아니고 가치관을 바꾸라는 말씀
입니다. 자기를 부인하라고 하는
것은 우리를 죽음으로 몰고 가
는 죄의 본능과 싸워 이기라는
뜻입니다.
  자기 부인은 결국 자기 긍정입
니다.

구원코자 하면 잃을 것이요
누구든지 나를 위하여 제 목숨을
잃으면 찾으리라. 사람이 만일 온
천하를 얻고도 제 목숨을 잃으면
무엇이 유익하리요. 사람이 무엇을
주고 제 목숨을 바꾸겠느냐
(마태복음 16:24-26)

이르시되 내가 진실로 너희에게
이르노니 하나님의 나라를 위하여
집이나 아내나 형제나 부모나
자녀를 버린 자는
금세에 있어 여러 배를 받고
내세에 영생을 받지 못할 자가
없느니라 하시니라
(누가복음 18:29-30)

자기 의

하나님은
자신의 의로
가득찬 사람을
항상
빈손으로
돌려보낸다.

- 무디

네가 실로 나의 듣는데 말하였고
나는 네 말소리를 들었느니라.
이르기를
나는 깨끗하여 죄가 없고 허물이
없으며 불의도 없거늘
(욥기 33:8-9)

네가 이것을 합리하게 여기느냐.
네 생각에 네가 하나님보다
의롭다 하여
(욥기 35:2)

스스로 지혜롭다 하며 스스로
명철하다 하는 그들은
화 있을진저
(이사야 5:21)

네가 스스로 지혜롭게 여기는
자를 보느냐. 그보다 미련한
자에게 오히려 바랄 것이
있느니라
(잠언 26:12)

만일 누가 아무 것도 되지 못하고
된 줄로 생각하면 스스로
속임이니라

(갈라디아서 6:3)

예수께서 가라사대 너희가 소경
되었더면 죄가 없으려니와 본다고
하니 너희 죄가 그저 있느니라
(요한복음 9:41)

대저 우리는 다 부정한 자 같아서
우리의 의는 다 더러운 옷 같으며
우리는 다 쇠패함이 잎사귀
같으므로 우리의 죄악이 바람
같이 우리를 몰아 가나이다
(이사야 64:6)

예수께서 이르시되 너희는 사람
앞에서 스스로 옳다 하는 자이나
너희 마음을 하나님께서 아시나니
사람 중에 높임을 받는 그것은
하나님 앞에 미움을 받는
것이니라
(누가복음 16:15)

> 자기의 의와 열심과는 구분하기가 쉽지 않습니다. 왜냐하면 겉의 모습은 너무나 닮아 있기 때문입니다. 자기 의를 가진 사람과 단 오분만이라도 이야기해 보면 그는 자기에 빠져있는 사람이라는 것을 금방 알 수 있습니다. 그는 자기 자랑과 자기 영광을 도취되어 있습니다. 하나님의 공급하시는 손길에 대해서는 침묵합니다.

부끄러움

사람들 앞에서
부끄러워하는 것은
선한 감정이다.
그러나
자기 자신 앞에서
부끄러워하는 것은
한층더
아름다운 감정이다.

- 톨스토이

성경에 이르되 누구든지 저를
믿는 자는 부끄러움을 당하지
아니하리라 하니
(로마서 10:11)

내가 주의 모든 계명에 주의할
때에는 부끄럽지 아니하리이다
(시편 119:6)

소망이 부끄럽게 아니함은
우리에게 주신 성령으로 말미암아
하나님의 사랑이 우리 마음에
부은바 됨이니
(로마서 5:5)

이를 인하여 내가 또 이 고난을
받되 부끄러워하지 아니함은 나의
의뢰한 자를 내가 알고 또한 나의
의탁한 것을 그 날까지 저가 능히
지키실 줄을 확신함이라
(디모데후서 1:12)

기록된바 보라 내가 부딪히는
돌과 거치는 반석을 시온에
두노니 저를 믿는 자는
부끄러움을 당치 아니하리라 함과

그러나 또 다른 부끄러움이 있습니다. 그것은 믿음에 대한 것입니다. 성경은 복음을 부끄러워하는 것은 매우 큰 문제라고 말합니다. 세상은 부끄러움을 미덕이라고 말할지 모릅니다. 혹은 겸손이라고 치켜세울지 모릅니다. 그러나 예수님은 복음을 부끄러워 하는 자를 주님도 부끄러워 하시겠다고 말씀하십니다.

같으니라
(로마서 9:33)

네가 진리의 말씀을 옳게 분변하며 부끄러울 것이 없는 일꾼으로 인정된 자로 자신을 하나님 앞에 드리기를 힘쓰라
(디모데후서 2:15)

만일 그리스도인으로 고난을 받은즉 부끄러워 말고 도리어 그 이름으로 하나님께 영광을 돌리라
(베드로전서 4:16)

내 마음으로 주의 율례에 완전케 하사 나로 수치를 당치 않게 하소서
(시편 119:80)

질 병

어떠한 병이든
그리스도인으로서의
의무를 다하는 데
방해가 되는 병은
없다.

너희 중에 병든 자가 있느냐. 저는
교회의 장로들을 청할 것이요.
그들은 주의 이름으로 기름을
바르며 위하여 기도할지니라.
믿음의 기도는 병든 자를
구원하리니 주께서 저를
일으키시리라. 혹시 죄를
범하였을지라도 사하심을
얻으리라.
이러므로 너희 죄를 서로 고하며
병 낫기를 위하여 서로 기도하라.
의인의 간구는 역사하는 힘이
많으니라
(야고보서 5:14-16)

예수께서 집에 들어가시매
소경들이 나아오거늘 예수께서
이르시되 내가 능히 이 일 할
줄을 믿느냐. 대답하되 주여
그러하오이다 하니
이에 예수께서 저희 눈을
만지시며 가라사대 너희 믿음대로
되라 하신대
그 눈들이 밝아진지라. 예수께서
엄히 경계하시되 삼가 아무에게도
알게 하지 말라 하셨으나

    질병이 올 때 질병만 쳐다보는
것은 잘못입니다. 우리는 오히려
주님을 바라보아야 합니다. 왜냐
하면 질병은 하나님의 확성기이
기 때문입니다. 건강한 몸을 가
지고 있을 때에는 듣지 않던 사
람도 질병이 찾아오면 하나님의
음성에 귀를 기울입니다.

(마태복음 9:28-30)

여호와여 주는 나의 찬송이시오니
나를 고치소서. 그리하시면 내가
낫겠나이다. 나를 구원하소서.
그리하시면 내가 구원을
얻으리이다
(예레미야 17:14)

너의 하나님 여호와를 섬기라.
그리하면 여호와가 너희의 양식과
물에 복을 내리고 너희 중에 병을
제하리니
(출애굽기 23:25)

그가 찔림은 우리의 허물을
인함이요 그가 상함은 우리의
죄악을 인함이라. 그가 징계를
받음으로 우리가 평화를 누리고
그가 채찍에 맞음으로 우리가
나음을 입었도다
(이사야 53:5)

하나님을 신뢰하라

마음에 평화를
원하거든
영혼을 양육하고,
욕망을 억제하며,
구제에 앞장서고,
성도와 교제하고
질서를 존중하고
주님을 신뢰하라.

하나님은 우리의 피난처시요 힘이시니 환난 중에 만날 큰 도움이시라.
그러므로 땅이 변하든지 산이 흔들려 바다 가운데 빠지든지
(시편 46:1-2)

너는 마음을 다하여 여호와를 의뢰하고 네 명철을 의지하지 말라.
너는 범사에 그를 인정하라. 그리하면 네 길을 지도하시리라
(잠언 3:5-6)

적은 무리여 무서워 말라. 너희 아버지께서 그 나라를 너희에게 주시기를 기뻐하시느니라
(누가복음 12:32)

그러므로 염려하여 이르기를 무엇을 먹을까 무엇을 마실까 무엇을 입을까 하지 말라.
이는 다 이방인들이 구하는 것이라. 너희 천부께서 이 모든 것이 너희에게 있어야 할 줄을 아시느니라

   어떤 사람은 긍정적인 사고방
식이나 가능성의 사고만으로 평
화를 만들려고 합니다. 그러나
이것은 잠깐 마음이 편한 것밖
에는 아무런 도움이 되지 못합
니다. 하나님을 신뢰하고 그분의
임재와 돌봄을 믿고 사는 것, 이
것만이 진정 우리에게 기쁨을
가져다 줍니다.

(마태복음 6:31-32)

너희 염려를 다 주께 맡겨 버리라.
이는 저가 너희를 권고하심이니라
(베드로전서 5:7)

여호와를 의지하고 교만한 자와
거짓에 치우치는 자를 돌아보지
아니하는 자는 복이 있도다
(시편 40:4)

여호와를 의뢰하는 자는 시온산이
요동치 아니하고 영원히
있음같도다
(시편 125:1)

하나님을 신뢰하라

하나님의 말씀

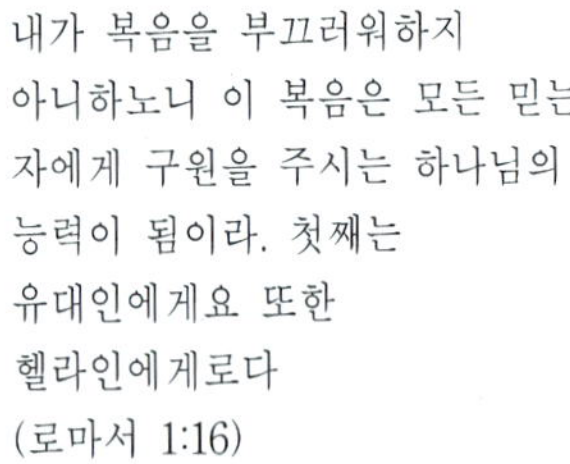

성경을 읽지 않는
자는
성경이 없는 자보다
결코
유리할 수 없다.

- 웰스

내가 복음을 부끄러워하지
아니하노니 이 복음은 모든 믿는
자에게 구원을 주시는 하나님의
능력이 됨이라. 첫째는
유대인에게요 또한
헬라인에게로다
(로마서 1:16)

이 예언의 말씀을 읽는 자와 듣는
자들과 그 가운데 기록한 것을
지키는 자들이 복이 있나니 때가
가까움이라
(요한계시록 1:3)

또 우리에게 더 확실한 예언이
있어 어두운 데 비취는 등불과
같으니 날이 새어 샛별이 너희
마음에 떠오르기까지 너희가
이것을 주의하는 것이 가하니라
(베드로후서 1:19)

그러므로 믿음은 들음에서 나며
들음은 그리스도의 말씀으로
말미암았느니라
(로마서 10:17)

하나님의 말씀은 살았고 운동력이
있어 좌우에 날선 어떤 검보다도
예리하여 혼과 영과 및 관절과
골수를 찔러 쪼개기까지 하며
또마음의 생각과 뜻을 감찰하나니
(히브리서 4:12)

주의 말씀을 열므로 우둔한
자에게 비춰어 깨닫게 하나이다
(시편 119:130)

대저 명령은 등불이요 법은
빛이요 훈계의 책망은 곧 생명의
길이라
(잠언 6:23)

너희가 성경에서 영생을 얻는 줄
생각하고 성경을 상고하거니와 이
성경이 곧 내게 대하여 증거하는
것이로다
(요한복음 5:39)

행 함

행함에 열심이 없는
사람은 진리에 다가설
수 없다.

- 보배나그

여호와께서 너를 위하여 하늘의
아름다운 보고를 열으사 네 땅에
때를 따라 비를 내리시고 네
손으로 하는 모든 일에 복을
주시리니 네가 많은 민족에게
꾸어줄지라도 너는 꾸지 아니할
것이요
(신명기 28:12)

그런즉 너희는 강하게 하라. 손이
약하지 않게 하라. 너희 행위에는
상급이 있음이니라
(역대하 15:7)

무릇 그 행하는 모든 일, 곧
하나님의 전에 수종드는 일에나
율법에나 계명에나 그 하나님을
구하고 일심으로 행하여
형통하였더라
(역대하 31:21)

예수께서 이르시되 나의 양식은
나를 보내신 이의 뜻을 행하며
그의 일을 온전히 이루는
이것이니라
(요한복음 4:34)

저는 주변에서 열심히 없는 사
람의 신앙이 성장하는 것을 본
적이 없습니다. 신앙은 분명히
공로가 아니며 행함이 아니지만
믿음은 행함이 없이는 마치 죽
어 있는 것과 마찬가지입니다.
그 몸에 영혼이 없는 것처럼 믿
음에 행함이 없는 사람은 아무
것도 성취할 수 없습니다.

그러므로 내 사랑하는 형제들아
견고하며 흔들리지 말며 항상
주의 일에 더욱 힘쓰는 자들이
되라. 이는 너희 수고가 주 안에서
헛되지 않은 줄을 앎이니라
(고린도전서 15:58)

주께 합당히 행하여 범사에
기쁘시게 하고 모든 선한 일에
열매를 맺게 하시며 하나님을
아는 것에 자라게 하시고
(골로새서 1:10)

우리가 들은즉 너희 가운데 규모
없이 행하여 도무지 일하지
아니하고 일만 만드는 자들이
있다 하니
이런 자들에게 우리가 명하고 주
예수 그리스도 안에서 권하기를
종용히 일하여 자기 양식을
먹으라 하노라
(데살로니가후서 3:11-12)

걱정

우리가 걱정하는 것은
하나님의 약속보다
자신의 문제를
더
믿는 것이다.

아무 것도 염려하지 말고 오직
모든 일에 기도와 간구로 너희
구할 것을 감사함으로 하나님께
아뢰라. 그리하면 모든 지각에
뛰어난 하나님의 평강이 그리스도
예수 안에서 너희 마음과 생각을
지키시리라
(빌립보서 4:6-7)

나의 하나님이 그리스도 예수
안에서 영광 가운데 그 풍성한
대로 너희 모든 쓸 것을
채우시리라
(빌립보서 4:19)

그는 물가에 심기운 나무가 그
뿌리를 강변에 뻗치고 더위가
올지라도 두려워 아니하며 그
잎이 청청하며 가무는 해에도
걱정이 없고 결실이 그치지
아니함 같으리라
(예레미야 17:8)

여호와는 또 압제를 당하는 자의
산성이시요 환난 때의
산성이시로다

  걱정이란 하나님이 우리를 돌볼 수 없다는 상황의 표시입니다. 그러나 비가 올 때까지는 우산을 펼려고 하지 마셔야 합니다. 우산은 비가 올 때 필요한 것이지 비가 오기 며칠 전부터 필요한 것은 아닙니다. 어느 학자는 우리가 하는 걱정중 96%가 아무 의미 없는 걱정이라고 말했습니다.

(시편 9:9)

주는 나의 은신처이오니 환난에서
나를 보호하시고 구원의 노래로
나를 에우시리이다(셀라)
(시편 32:7)

저가 내게 간구하리니 내가
응답하리라. 저희 환난 때에 내가
저와 함께하여 저를 건지고
영화롭게 하리라
(시편 91:15)

우리가 알거니와 하나님을
사랑하는 자 곧 그 뜻대로
부르심을 입은 자들에게는 모든
것이 합력하여 선을 이루느니라
(로마서 8:28)

의의 공효는 화평이요 의의
결과는 영원한 평안과 안전이라
(이사야 32:17)

*

세상을 지혜롭게 하는 테마별 묵상집

*

인쇄 — 2006년 7월 10일
발행 — 2006년 7월 15일

*

엮은이 — 정 혜 숙

펴낸이 — 채 주 희

펴낸곳 — 엘맨출판사

*

서울시 마포구 합정동 433-62
출판등록 — 제10-1562호(1985. 10. 29.)
*

TEL. — (02) 323-4060
FAX. — (02) 323-6416
e-mail — elman1985@hanmail.net
*

잘못된 책은 바꾸어 드립니다.
*

값 6,000원